吉田松陰 真《まこと》の教え

川口雅昭

はじめに

「吉田松陰」のイメージはと問えば、今の若い方々から返ってきそうな答えは、幕末の志士、真面目一方な教育者、右翼の権化、難しい漢字だらけの文章を残した人といったところか。いずれにしても、何とも取っ付きにくい人物というイメージであろうが、確かにそれぞれ当たっており、一概に否定はできない。

中川奈津さんという太陽出版の若い女性編集者から私に、若者に向けた松陰の教育論を書いてほしいという手紙が届いたのは、昨年の夏に入る前のことだった。そんな「お堅い」人物を取り上げたいという依頼の内容もさることながら、彼女が自らの思いを一字一句、丁寧な手書きで訴えてきたことが私の心を揺さぶった。これがこの度、この本の執筆を承った動機である。

さて、松陰という青年、確かに上述したようなところのある人物である。しかし、これは松陰の一面でしかない。三十歳で斬殺された松陰にも、今の若者と全く同じ青春時代があり、同じような悩みがあった。そんな中で、松陰は松陰なりにあの時代を必死で生きたのである。

さて、本書は、若者へのメッセージ集という形を取り、三章構成とした。第一章は「まなぶ」とし、一人の学究としての松陰が学問を進めるに当たり、どのようなことを感じ、何を大切に実践したのかということをまとめた。第二章は「はぐくむ」である。生涯独身であった松陰に子育ての経験はない。ところが松陰は、二歳上の兄梅太郎、他家へ嫁いだ二歳下の妹千代、十歳下の壽子《ひさこ》に対して、生まれた子ども（松陰にとっては甥や姪）の育て方に関する実に細やかな指導を行っている。また、十二歳下の妹艶子《つやこ》（早世）、十四歳下の妹文《ふみ》、十六歳下の弟敏三郎《としざぶろう》らに対しては、さまざまな場面において自ら指導を行っている。その内容は現在においても傾聴に値する内容であり、その主《おも》だったところをまとめた。そして第三章は「愛《を》しむ（教えるの古語といわれる）」と銘打ち、学校教育の「現場」にある若き教師に学んでほしい松陰の実践や松陰が書き残した教えなどをまとめた。

現在という時代、幕末と実によく似ている。だとすれば、松陰に学ぶべきことは決して少なくはない。若い方々が松陰という青年の教育論に何かを学び、これからの人生の一助としてくださることを、若者たちの少し前を歩き、四十余年間、松陰に学んできた田舎教師として祈念している。

最後に本書執筆にあたり、直接担当いただいた太陽出版の中川奈津さんには大変お世話になった。途中、編集や内容のことで何度叱り、喧嘩したことか。心からお詫びとお礼を申し上げる。その他、御指導、御協力をいただいた多くの方々に、心からお礼申し上げる。その中でも、とりわけ、山口県立宇部高等学校時代の教え子で、現山口県立岩国高等学校広瀬分校教頭の杉原宏之君、同山口高等学校時代の教え子で、現東海学園大学准教授の鳥田直哉君には御礼の言葉もない。二人は多忙な職にありながら、せっかくの休日を割いて「指導」してくれた。彼らの誠実さに改めて感動したし、教職の末席を汚す者の喜びを改めて教えてもらった。

また、基礎作業を手伝ってくれた澁谷若菜さんもその名前を記して御礼とする。四年前から姉の文野さんと共に、私のような者の「指導」になぜか付いてくるこの子からの「先生がたとえ話を挙げて解説される頁が好きです！ ついつい、『なるほどな』と読みいってしまいます」とのメールにどれだけ励まされたことか。大学生になったこの子の成長に、望外の喜びを感じた。

この度の刊行作業、改めて己れの勉強不足を思い知らされ、大変よい勉強となった。これを真っ先に恩師上田孝治先生及び井上久雄先生の墓前に御報告したい。

平成二十七年正月仲八日記

人間環境大学　川口雅昭

目次

第二章
はぐくむ

第三章 愛しむ

第一章

まなぶ

有《ゆう》志《し》の士《し》は観《み》る所《ところ》あれば則《すなわ》ち必《かなら》ず感《かん》ずる所《ところ》あり

嘉永《かえい》四年（一八五一）六月十一日「題《だい》を賜《たま(い)》ひて『人《ひと》の富士《ふじ》に登《のぼ》るを送《おく》る序《じょ》』を探《さぐ》り得《え》て謹《つつし》んで撰《せん》す」

現代語訳

志をもっている人間は、何かを目にしたら、必ず心中に感じるものがある。

有志《ゆうし》の士《し》

有志の士とは、生涯をかけて何事かをなし遂げようとか、あるいは何事かのために生きようという心意気をもつ人物をいうのであろうか。

アンテナを立てるという。かくいう私も学生時代、恩師から、「今、研究していることで分からないことは、飯を食ってる時も、遊んでいる時も、電車に乗っている時も、ずっと考え続けなさい」と教えられた。ふと気づけば、三十代半ばだったか、それをしている自分を発見した。これが学問のみならず、人生を拓《ひら》く。

苟《いやしく》も能《よ》く志《こころざし》立たば、為《な》すべからざるの事《こと》なく、為《な》すべからざるの地《ち》なし。顧《おも（う）》ふに其《そ》の期《き》する所何如《ところいかん》に在《あ》るのみ。

嘉永《かえい》四年（一八五一）八月「中村士恭《なかむらしきょう》の国《くに》に帰《かえ》るを送《おく》る序《じょ》」

現代語訳

仮にも志というものが立ったら、（なすべきことで）行うべきではない事柄はなく、また、それを行うべきではない土地はない。考えるに、期待しているものが何であるかだけのことである。

期《き》する所何如《ところいかん》に在《あ》るのみ

「無用《むよう》の用《よう》（役に立たないと思われているものが、実際は大きな役割を果たしているということ）」という。また、文豪吉川英治は小説『宮本武蔵』で「我れ以外皆我が師（人であろうが物であろうが自分以外のものはすべて自分に何かを教えてくれる先生である）」と記した。

好きなことを好きな場所で学ぶことは誰でも楽しかろう。しかし、人間を鍛えるのはその反対のことであり、場所である。

志《こころざし》専《もっぱ》らならずんば、業盛《ぎょうさかん》なること能《あた(わ)》はず。

安政《あんせい》二年（一八五五）八月二十二日「古助《こすけ》の江戸《えど》に遊学《ゆうがく》するを送《おく》る序《じょ》」

現代語訳

心を目指すものに集中しなければ、勉強や事業などを盛んにすることはできない。

志専《こころざしもっぱ》らならずんば

若い頃は自分という人間が分からないものである。それなのに、誰しも何故かいわれのない自信をもっている。一つのことに専念することを嫌い、あれにもこれにも手を出してしまう。そして、結局のところ何も得られなかったという人は多い。

何かをなそうとするのであれば、一つのことに専念すること。これは学問においても大変重要な真理である。

天《てん》下《か》の事《こと》何《なん》に依《よ》らず、十分《じゅうぶん》の得意《とくい》は甚《はなは》だ難《かた》き事《こと》にて、千載一遇《せんざいいちぐう》と申《もう》すべく候《そうろう》。

年不詳八月「守永彌右衛門《もりながやうえもん》に与《あた(う)》ふる書《しょ》」

現代語訳

世の中のことは何であっても、全て自分の望み通りになるということは大変難しいことであり、千年の長い間にその機会が一度あるかないかというような（めったにない）ものである。

千載一遇《せんざいいちぐう》と申《もう》す

千年待ち望んでも思い通りとなることはたったの一回。これが人生である。ところが人間というものは実に甘くできていて、ほどほどな努力しかしないのに、望んだことは、その通りになると思いがちなものである。

ではどうすればいいのか。答えは簡単である。成功するまでやり抜くという気持ちをまずもつことである。来世、来来世までも闘い続け、成功するまでやると腹をくくれば、人生に失敗はない。

早《はや》まらずいそがず、勝《か》つべき処《ところ》にて勝《か》つ。

天保《てんぽう》十一年（一八四〇）「武教全書《ぶきょうぜんしょ》　戦法《せんぽう》」

現代語訳

早まらない。急がない。勝つべきところで勝つ。

早《はや》まらずいそがず

早まる、急ぐのが青年というものである。それはそれでいい。

三十代の頃だったか。研究の御指導をいただいていた時、恩師がぽつりと、「二十代、三十代の頃、就職を焦ってチャラチャラした論文を書く人間は多い。ところが、三十代頃からやっと本気になる人もおる。こういう人間は生涯研究をするだろうね」と。「どなたですか」と聞いたら、恩師はニヤッとされただけだった。

誰しも、人智を超えた偉大かつ不思議な力でこの世に生み出されたのである。そう簡単にくたばるものではない。堂々と眼前の課題に突撃していればいい。努力、誰にも負けない努力をする人間は行くべきステージに必ず行けるし、成るべきものは必ず成る。

たった一度の短い人生、そんなに急いでどこへ行く、というのが今の私の思いである。

総《そう》じて人々《ひとびと》得手《えて》無得手《むえて》あり。英雄《えいゆう》の上《うえ》にも無得手《むえて》あり、愚者《ぐしゃ》の中《なか》にも得手《えて》あり（後略）。

嘉永《かえい》二年（一八四九）六月四日「武教全書《ぶきょうぜんしょ》　用士《ようし》」

現代語訳

人には得手不得手がある。英雄にも無得手があり、また、愚かな者にも得手がある（後略）。

人々得手無得手《ひとびとえてむえて》あり

全てに完全な人間などいない。また、全てができる人間もいない。若い頃はできないことを恥じる傾向がある。今思えば、自分に真の自信がなかったからであろう。

自信というものを身につけるのは簡単である。自分が得意と思うことに全精力を毎日毎日注ぐだけのことである。

明君賢将《めいくんけんしょう》必《かなら》ず其《そ》の心《こころ》を定《さだ》む。吾《わ》が心一《こころひと》たび定《さだ》まりて、将吏士卒《しょうりしそつ》誰《た》れか敢《あ》へて従《したが》はざらん。

嘉永《かえい》三年（一八五〇）八月二十日「武教全書《ぶきょうぜんしょ》 守城《しゅじょう》」

現代語訳

賢明な君主や賢くすぐれた将軍など立派なリーダーという者は、まず腹を決めるものである。トップの腹が決まれば、部下たる者、どうしてそれに従わないことがあろうか。ありはしない。

吾《わ》が心《こころひと》一たび定《さだ》まりて

松陰はこれに続けて、腹を決めるということに関し「特《ただ》に一旦奮激《いったんふんげき》の能《よ》くする所《ところ》に非《あら》ず、必《かなら》ずや心胆《しんたん》を涵養鍛錬《かんようたんれん》すること素《もと》あるものにして、能《よ》くすることありとす（この腹を決めるということは一時的に心を奮い起こすことでできることではない。必ずや心や胆を水が自然にしみこむように少しずつ養い育て、体力・精神力・能力などを鍛えて強くすることによって可能となる）」と述べている。要は不断の努力である。これができる人間は強い。

敵《てき》の小勢《こぜい》を侮《あなど》りて卒忽《そっこつ》の攻め様《せよう》をする時《とき》は、多《おお》くは敗《やぶ》るるものなり。

嘉永《かえい》三年（一八五〇）八月二十日「武教全書《ぶきょうぜんしょ》 守城《しゅじょう》」

現代語訳

敵が少人数であると軽く見て、あわただしく、軽はずみな攻撃をする時は、大体は負けるものである。

小勢《こぜい》を侮《あなど》りて

人間は困難な状況では簡単に失敗はしない。学問もそうである。ところが、「小勢《こぜい》」、これは簡単と見限った時に、思いもよらない大失敗をするものである。

一瞬も気を抜かない。これは大変むずかしい。しかし、人生の真理か。

花《はな》、闌《たけなわ》なれば則《すなわ》ち落《お》ち、日《ひ》、中《ちゅう》すれば則《すなわ》ち昃《かたむ》く。人《ひと》、壮《そう》なれば則《すなわ》ち老《お》ゆ。百年《ひゃくねん》の間《かん》、黽勉《びんべん》の急《きゅう》ありて游優《ゆうゆう》の暇《いとま》なし。

弘化《こうか》三年（一八四六）二月「観梅《かんばい》の記《き》」

現代語訳

花は満開となれば、やがて落ちる。太陽は南中《なんちゅう》すれば、やがて陰《かげ》りはじめる。人は壮年を迎えれば、やがて老いていく。百年の間、必死で勉強すべきであり、ゆったりとくつろぐ暇などはない。

黽勉《びんべん》の急《きゅう》ありて游優《ゆうゆう》の暇《いとま》なし

若い頃は人生は長いものと思っていた。ところが、過ぎてしまえば、六十余年も一瞬であった。何事かをなし遂げたいと志せば、なるほど、ゆったりする暇などはない。「黽勉《びんべん》」。努力、誰にも負けない努力、これのみか。

田《でん》氏《し》曰《いわ》く、「吾《わ》れ常《つね》に心《こころ》は小《しょう》ならんことを欲《ほっ》し、胆《きも》は大《だい》ならんことを欲《ほっ》すの語《ご》を愛《あい》す。（中略）」と。

弘化《こうか》三年（一八四六）春「客《きゃく》の難《なん》ずるに答《こた（う）》ふ」

現代語訳

私、吉田松陰はいう。「私はいつも、『心は小心であることを望み、肝っ玉は大きいことを望む』という言葉が好きである」と。

心《こころ》は小《しょう》・胆《きも》は大《だい》

十六歳時の松陰の名辞である。その後の松陰の人生を見れば、将にこの通りの歩みだったように感じる。ところが、私共は、肝っ玉は小さいくせに心だけは大胆である。これが松陰と私共凡人の差か。

学問も同様である。この差が将に人生を左右する。

孫《そん》子《し》の「其《そ》の来《きた》らざるを恃《たの》む事《こと》なかれ、吾《わ》が以《もっ》て是《こ》れを待《ま》つ事《こと》あるを恃《たの》め」と云《い》ふ《(う)》心得《こころえ》、肝要《かんよう》の儀《ぎ》と存《ぞん》じ奉《たてまつ》り候《そうろう》。

嘉永《かえい》二年（一八四九）三月「水陸戦略《すいりくせんりゃく》」

現代語訳

『孫子』にいう、「敵の来襲がないことを願うな。自分が備えを十分とし、敵がいつ、どこから来ても大丈夫という状況を願え」という心得こそ、非常に大切かと思います。

待《ま》つ事《こと》あるを恃《たの》め

以前、「想定外」という言葉が流行《はや》った。これだけでリーダー失格である。リーダーたる者、あらゆる状況を事前に想定することが必要であり、それができる資質が求められるものであろう。

勉強も全く同様である。試験勉強などをしていて、「ここが出たらまずいな」とか、試験問題を前にして、「えっ。こんな問題を出すの」などと嘆くこと自体、準備不足である。大切なことは、事前に敵（＝出題者）の目で我が陣地（＝自分）の欠点を探り、あらゆる状況を想定して、備えを完璧にする努力である。

積《せき》盈《えい》の気《き》発《はっ》す

弘化《こうか》三年（一八四六）閏《うるう》五月「甫田先生《ほでんせんせい》に上《たてまつ》る書《しょ》」

現代語訳

（戦闘開始、）相手を粉砕するまで闘うという気分になる。

積盈《せきえい》の気発《きはっ》す

「戦闘開始！」これが私の勉強開始の際の自分へのかけ声である。高校生時代からずっと続けてきた習慣である。

日頃の生活も、「戦地」にいると思えば、少々の苦労も気にかからなくなる。この気力を常にもち続けること、これが勉強のみならず、あらゆることにおいても大切であろう。

この気力維持の基本は体力の充実であろう。そう考えると、体力、気力、学力の順に人間は鍛え上げられるというべきか。

寧《いずく》んぞ栄辱《えいじょく》によつ（っ）て初心《しょしん》に負《そむ》かんや

安政《あんせい》元年（一八五四）冬「幽囚録《ゆうしゅうろく》」

現代語訳

他者から褒められたりけなされたりすることなどで、どうして初めに思い立った気持ちを忘れようか、忘れはしない。

初心《しょしん》に負《そむ》かん

初心の意味にはさまざまなものが考えられるが、私は「初一念《しょいちねん》」と考えたい。

若い頃は、自分に自信がなく、外野からの毀誉褒貶《きよほうへん》の声に流されがちである。しかし、他者からどのようにけなされようと、最後の最後は自分以外、誰も自分を守ってはくれない。

自分が信じた世界を徹底的に突撃し続けたい。

自《みずか》ら其《そ》の暗劣《あんれつ》なるを忘《わす》れて日夜勉励《にちやべんれい》し、古賢《こけん》を以《もっ》て師《し》と為《な》す。第《た》だ天稟《てんぴん》に限《かぎ》りありて学芸《がくげい》進《すす》むことなし、徒《いたず》らに浩嘆《こうたん》するのみ。

安政《あんせい》二年（一八五五）十一月六日「叢棘随筆《そうきょくずいひつ》」

現代語訳

自分が愚かで劣っていることなど忘れて日夜勉学に励み、昔の賢者を先生としてお慕いする。ただ、もって生まれた才能は有限で、学問・技芸は進まない。意味もなく嘆くばかりである。

自《みずか》ら其《そ》の暗劣《あんれつ》なるを忘《わす》れて日夜勉励《にちやべんれい》

松陰でさえこうであった。いわんや、凡人である私共をや、というところか。「日夜勉励」、これだけは守り続けよう。問題は、それさえもしないまま、「浩嘆《こうたん》するのみ」に日を過ごすことである。

唯《た》だ願《ねが(わ)》くは心《こころ》を竭《つく》し力《ちから》を尽《つく》し、薀《うん》を発《はっ》して惜《お》しむなかれ。

嘉永《かえい》二年（一八四九）閏《うるう》四月七日「兒玉君管美島軍事《こだまくんかんみしまぐんじ》を拝《はい》するを賀《が》する序《じょ》」

現代語訳

ただ願うことは、心を尽くし力を尽くし、これまで蓄えた全能力を発揮して出し惜しみのないようにしなさい。

蘊《うん》を発《はっ》して惜《お》しむなかれ

例えれば、練り歯磨きのチューブをギューっと絞りに絞って、もうこれ以上出ないという状態まで己れの全能力を出し切ること。これである。ここまでやれと、松陰は激励している。

これを青年に話すと、ほぼ全員が「そこまでやったことはありません」と平然と答える。まだ、余力はあると考えている証拠である。ならばやってみろ、と私はいつも返している。余力のなくなるまでやるということ、これも能力である。

学《がく》は効《ならう》なり。（中略）凡《およ》そ人《ひと》の善言懿行《ぜんげんいこう》を見《み》て之《こ》れに効《なら》ひ《（い）》、又聖賢《またせいけん》の書《しょ》を読《よ》みて前言往行《ぜんげんおうこう》を考《かんが》へ《（え）》、身《み》に行《おこな》はん《（わ）》とする類《たぐい》、学《まな》ぶと云《い》ふ《（う）》べし。

嘉永《かえい》二年（一八四九）五月「講義存稿三篇《こうぎそんこうさんぺん》」

現代語訳

学ぶということはならう、真似をするということである。（中略）そもそも他者のよき言動を見てこれを真似する、また、聖人賢者の書を読んで古人の言動を考え、自分の身に行おうとするようなこと、これを学ぶというべきである。

学《がく》は効《ならう》なり

学問をするとは、単にこれだけのことである。何も難解な文字を知り、小難しい理論を得意げに振り回すことなどではない。

昔の心ある立派な人の言葉や行動を真似る、これのみである。

今《いま》の学者《がくしゃ》二大弊《にだいへい》あり。一《ひとつ》は思《おも（わ）》はざるの弊《へい》なり。（中略）二《ふたつ》は学《まな》ばざるの弊《へい》なり。

嘉永《かえい》二年（一八四九）五月「講義存稿三篇《こうぎそんこうさんぺん》」

現代語訳

今の学問をする者には二つの大きな弊害がある。一つは考えないという弊害である。（中略）二つ目はそもそも学ばないという弊害である。

思《おも》は《(わ)》ざるの弊《へい》・学《まな》ばざるの弊《へい》

これに続けて松陰は、今の学生は広く物事を聞き知って記憶しており、文章を作らせれば素晴らしい文章を書くが、自分がその教えを実践しているかといえば、全く行っておらず、これを「思《おも》は《(わ)》ざるの弊《へい》」といっている。また、一見高尚には見えるが、内容のない空疎な議論はよくする者がいる。こういう学生は何を聞いてもすらすらと見事に答えるが、実務に当たらせれば何一つとして実践できることはない。これを「学《まな》ばざるの弊《へい》」といっている。

将《まさ》に、道元のいう、「知る」と「分かる」ということの違いであろう。真理を知ったとしても実践しないのであれば、分かったとはいわない。

居《きょ》常書《じょうしょ》を読《よ》み道《みち》を学《まな》ぶ、毎《つね》に良師友《りょうしゆう》を得《え》て之《こ》れと問難論議《もんなんろんぎ》し、而《しこう》して後《のち》、志気《しき》を激発《げきはつ》し以《もっ》て学識《がくしき》を長進《ちょうしん》すべきを思《おも（い）》ひ、而《しか》も未《いま》だ其《そ》の人《ひと》を得《え》ず。

嘉永《かえい》二年（一八四九）五月十五日「葉山鎧軒《はやまがいけん》に与《あた（う）》ふる書《しょ》」

現代語訳

日頃、書を読み道理を学ぶ度、いつも立派な先生や同志と出会い、このような人々と議論し、その後に、志や気力を更に奮い立たせて学力や知識を伸ばそうと願って参りましたが、未だにそのような先生、同志とお会いすることができません。

良師友《りょうしゆう》を得《え》て

松陰が十六歳の時に平戸藩家老葉山左内《ひらどはんかろうはやまさない》に宛てた入門嘆願書ともいうべき手紙の一節である。一年後の嘉永三年、この希望は叶い、松陰は葉山のいる平戸遊学を果たすこととなる。

学問をする上でしてはならないことの一つは、独学であろう。人間は自分で自分の思惟を越えることが難しいからである。その点、松陰は「自己教育」を実践している。自己教育とは、自分で自分を教育するという自覚のもとに、主体的、能動的に学問を進めることをいう。独学とのちがいは、学問に行き詰まった時、指導してくださる先生の有無である。

学《がく》問《もん》の大禁忌《だいきんき》は作輟《さくてつ》なり

安政《あんせい》二年（一八五五）七月二十六日「講孟劄記《こうもうさっき》」

現代語訳

学問を進める上で絶対にしてはならないことは、やったりやらなかったりということである。

学問《がくもん》の大禁忌《だいきんき》は作輟《さくてつ》なり

学問を進める上で絶対にやってはいけないことはこれである。規則正しい生活をすることが基本であることはいうまでもない。

自《みずか》ら淬厲《さいれい》して、敢《あ》へ《(え)》て暇逸《かいつ》することなかれ。

安政《あんせい》二年（一八五五）四月二十四日「清狂《せいきょう》に与《あた》ふ《(う)》る書《しょ》」

現代語訳

自分から進んで人格修養に努め、決してのんびりと遊び、無駄な時間を過ごしてはならない。

暇逸《かいつ》することなかれ

これは人格形成だけではなく、全てにわたる真理であろう。人間は齢を重ねるだけでは、決して心ある人物にはなれない。そういう人間になりたいと思えば、そうなるべき生き方をする必要がある。つまり、愚かな者が何も考えずにそのまま過ごし続ければ、いつまでたっても愚かなままということである。

とりわけ、人格形成及び学問の道に「暇逸《かいつ》」する暇はない。

吾《わ》れ盛強《せいきょう》を勉《つと》めずして人《ひと》の衰弱《すいじゃく》を願《ねが（う）》ふ。是《こ》れ今人《こんじん》の見《けん》なり。悲《かな》しいかな、悲《かな》しいかな。

安政《あんせい》二年（一八五五）七月十九日「講孟劄記《こうもうさっき》」

現代語訳

自分の意気を盛んとし精神を強化せずして、他人の衰えや弱体化を願う。これは今の人々の考え方である。悲しいことである。悲しいことである。

盛強《せいきょう》を勉《つと》めずして

問題は徹頭徹尾、自分である。要は自分を鍛え上げるか否かである。

あらゆる問題について、若い頃は、敵は外にあると思い込んでいた。しかし、本当の敵は自分自身、自分の汚くて情けない、弱い心根である。

容《よう》貌《ぼう》・衣服《いふく》・髪《かみ》其《そ》の外《ほか》時《とき》の流行《りゅうこう》に馳《は》せ候様《そうろうよう》なる心遣《こころづか》ひ《（い）》仕《つかまつ》り候者《そうろうもの》は必《かなら》ず武士《ぶし》の心懸《こころが》け薄《うす》く、又是《またこ》れ等《ら》の末《すえ》に心《こころ》を用《もち》ひ《（い）》ざる者《もの》は文武《ぶんぶ》の心懸《こころが》け厚《あつ》き者《もの》に御座候《ござそうろう》。

嘉永《かえい》元年（一八四八）十月四日「明倫館御再興《めいりんかんごさいこう》に付《つ》き気付書《きづきしょ》」

現代語訳

みめかたち、服装、髪型、その他折々の流行を追いかけるような心がけの者は武士としての覚悟が薄い。また、このような、人間としてどうでもいいような瑣末《さまつ》なことに関心ももたない者は文武の心がけが厚い者である。

時《とき》の流行《りゅうこう》に馳《は》せ候《そうろう》様《よう》なる心遣《こころづか（い）》ひ仕《つかまつ》り候《そうろう》者《もの》は

流行が気にかかるという時点で勝負あり、というべきか。

学問や人格形成など、精神的作業に集中していれば、そんなことに目が行く暇などない。

逆に、中身のない人間ほど外を飾りたがるものであろう。

力《ちから》の足《た》らざるに非《あら》ず、乃《すなわ》ち学習《がくしゅう》専《もっぱ》らならざるの致《いた》す所《ところ》なり。

安政《あんせい》二年（一八五五）八月二十二日「古助《こすけ》の江戸《えど》に遊学《ゆうがく》するを送《おく》る序《じょ》」

現代語訳

学力が足りないのではない。つまり、学問に専念していないことが、そのような学力不足を招来しているのである。

学習《がくしゅう》専《もっぱ》らならざるの致《いた》す所《ところ》なり

努力もしないで結果だけは他者と同じであることを望む人間の増加も問題である。しかし、自分は生来的に能力が低いと思い込み、その原因を父母など、自分以外のところに求める生き方も問題である。

学《がく》問行事《もんこうじ》、豈《あ》に一日《いちじつ》として廃怠《はいたい》すべけんや。

安政《あんせい》三年（一八五六）五月十四日「講孟箚記《こうもうさっき》」

現代語訳

学問を進めること及びそれを実践することを、一日として怠ったり廃止したりしてよかろうか、よくない。

一日《いちじつ》として廃怠《はいたい》すべけんや

松陰は、嘉永《かえい》四年（一八五二）三月には、藩の家老で松陰を可愛がった村田清風《むらたせいふう》あての返書に「『時《とき》や失《うしな(う)》ふべからず』の一語《いちご》、頂門《ちょうもん》の一針《いっしん》と厚《あつ》く忝《かたじけな》く存《ぞん》じ奉《たてまつ》り候《そうろう》（「時期こそ失ってはいけない」との一言は、（私への）痛切な御教戒と受けとめ、大変身にしみてありがたく思います）」と記し、また、安政三年（一八五六）十月には、「一日《いちにち》に一事《いちじ》を記《しる》せば、一年中《いちねんじゅう》に三百六十事《さんびゃくろくじゅうじ》を得《え》ん。一夜《いちや》に一時《いっとき》を怠《おこた》らば、百歳《ひゃくさい》の間三万六千時《かんさんまんろくせんじ》を失《うしな(わ)》はん（一日に一つのことを書き記せば、一年に三百六十のことを学ぶことができる。一夜に二時間怠ければ、百年間に七万二千という時間を失ってしまう）」と記している。共に自身へ向けた戒めであったものと思われる。この松陰の刻苦勉励の態度に学びたい。

志《こころざし》一《ひと》たび定《さだ》まりて、沈《しず》まず漂《ただよ(わ)》はざれば、其《そ》れ必《かなら》ず来《きた》り助《たす》くる者《もの》あらん。

安政《あんせい》五年（一八五八）七月十一日「杉蔵《すぎぞう》を送《おく》る序《じょ》」

現代語訳

志が一旦定まり、消えたり、流されたりしなければ、必ず寄って来て、助けてくれる者があるであろう。

必《かなら》ず来《きた》り助《たす》くる者《もの》あらん

松陰はこれに続けて「人帰《ひとき》して天与《てんくみ》す（人が帰順し、天も味方する）」と述べている。

本気で何かに取り組んでいると、何度かピンチに見舞われることがある。ところが、私のような者でも、実に不思議なことに、ピタッと測ったかのように、その都度《つど》誰かが現れ、助けてくださった。要は、志が決まれば、後は、愚直に突撃を敢行し続けることであろう。

また、逆にいえば、最近他者から助けてもらったことがないなあと感じる人は、その生き方に見直すべき所があるということであろうか。

力《ちから》を用《もち(う)》ふること多《おお》きものは功《こう》を収《おさ》むること遠《とお》く、其《そ》の精誦《せいしょう》する所《ところ》は乃《すなわ》ち終身忘《しゅうしんわす》れざるなり。

嘉永《かえい》五年（一八五二）九月「猛省録《もうせいろく》」

現代語訳

多くの努力を注ぎ込んだことは、その功績をすぐに手中にすることはないかもしれない。しかし、全精力を集中して学んだことは生涯忘れないであろう。

終身忘《しゅうしんわす》れざるなり

学問だけではない。全てに通じる真理である。

ところが、昨今多く見られるのは、この反対、少しの努力で即座に多大な功績を得ようとする生き方であろう。その根底にあるのは、「有名になりたい、お金が欲しい」という名利《みょうり》のみか。

人知れず黙々と道を求め極め、長い年月をかけて身に付けたものは、どれもいぶし銀の魅力がある。いわゆる職人の世界である。世に流行のハウツー本や超訳本の類しか手にしない輩《やから》には理解できない、ホンモノの世界である。

志《し》

気《き》鋭《えい》脱《だつ》して進《すす》む

弘《こう》化《か》三年（一八四六）閏《うるう》五月「甫《ほ》田《でん》先《せん》生《せい》に上《たてまつ》る書《しょ》」

現代語訳

志気を極度に鼓舞して、突撃する。

志気穎脱《しきえいだつ》して進《すす》む

志気、つまり、やる気、意気込み。これが全ての基本である。

「人間はロボットではない。折々の状況により、やる気のない時もある。そんな時には勉強するな。やる気のないまま『勉強』しても、その箇所は頭に入らない。そんな時はぐっすり休め。ただし、三日間勉強しないで何も気にならなくなったら、受験は諦めろ」と高校生の頃、恩師から教えられた。もう五十年近く守ってきた教えである。

何《なに》事《ごと》もならぬといふ（う）はなきものをならぬといふ（う）はなさぬなりけり

嘉永《かえい》四年（一八五一）八月十七日「父《ちち》叔父《おじ》宛《あて》書翰《しょかん》」

現代語訳

何であってもできないというものはない。できないというのは、やらないのである。

なさぬなりけり

残念ながら、人生において能力的にできないことは多々存在する。しかし、それでも、この気持ちだけはもち続けたい。

孫《そん》敬《けい》、常《つね》に戸《と》を閉《と》ぢ《(じ)》て書《しょ》を読《よ》む。睡《まどろ》めば則《すなわ》ち縄《なわ》を以《もっ》て
頸《くび》に繋《か》け、之《こ》れを梁上《りょうじょう》に懸《か》く。

嘉永《かえい》五年（一八五二）「猛省録《もうせいろく》」

現代語訳

古代シナ漢の孫権はいつも戸をしめて読書をした。ウトウトしそうになれば、すぐに縄を首に回し、これを天井の梁《はり》に懸けて自分を叱咤した。

孫敬《そんけい》

学生時代、この一文を読み、何とも凄い男がシナにはいたものだと感動した。私共の若い頃には、こんなタイプの猛者も何人かいた。あの烈々とした日本男児はいったいどこへ行ったのだろうか。

今もこんな青年に会いたいと念じている。

日《ひ》び古人《こじん》の書《しょ》を取《と》りて之《こ》れを読《よ》み、始《はじ》めて古人《こじん》の深厚《しんこう》該博《がいはく》、大《おお》いに已《おの》れに異《こと》なるを知《し》る。徐《ひそ》かに其《そ》の為《な》す所《ところ》を観《み》、其《そ》の由《よ》る所《ところ》を考《かんが（う）》ふるに、唯《た》だ勤《つと》むるのみ。

嘉永《かえい》五年（一八五二）九月「猛省録《もうせいろく》」

現代語訳

日々、昔の心ある立派な人の書を手にしてこれを拝読し、古人が学問に深くかつ広く通じ、自分とは大きく異なっていたことを初めて知った。心静かに古人の行われたことを概観し、その理由を考えたところ、ただ努力のみであると知った。

唯《た》だ勤《つと》むるのみ

十三歳の松陰の一文である。「あの松陰でもこうだったんだ。だったら、俺など」と、大変励まされた思い出がある。

松陰が悟ったのも、結局は努力。松陰もただあるがままに生きてあれほどの人物になったのではない。

曰《いわ》く、「独《ひと》り学《まな》びて友《とも》なくんば、則《すなわ》ち孤陋《ころう》にして寡聞《かぶん》なり」と。

弘化《こうか》四年（一八四七）二月朔日《さくじつ》「清水赤城《しみずせきじょう》に与《あた(う)》ふる書《しょ》」

現代語訳

昔の人がいわれた。「一人で学問をし、一緒に学ぶ友達がいなければ、学問の内容は偏《かたよ》り、見識はせまくなる」と。

独《ひと》り学《まな》びて友《とも》なくんば

当時十七歳の松陰は、これに続けて「有志《ゆうし》の士《し》、必《かなら》ず有識《ゆうしき》の人《ひと》を得《え》て、之《こ》れに附《ふ》し之《こ》れを友《とも》として、然《しか》る後業《のちぎょう》成《な》りて名達《なたつ》するあり（志のある武士は、必ず学問があり見識の高い人物を得て、この人に付き従い、あるいはこの人を友として修行し、その後に事業を完成させて名前が知られるようになるのである）」と記している。

青年松陰の青雲の志の一端であろうか。後の安政《あんせい》二年（一八五五）、松陰が甥《おい》玉木彦介の元服を祝して贈った「士規七則《しきしちそく》」には、「徳《とく》を成《な》し材《ざい》を達《たっ》するには、師恩友益多《しおんゆうえきおお》きに居《お》り。故《ゆえ》に君子《くんし》は交游《こうゆう》を慎《つつし》む（人としての徳を身につけて才能を開かせるには、恩師の御恩や友からの益が多い。だから立派な人は交際を慎むものである。滅多なことでは人と交際しない）」と記している。

事《こと》の漸《ぜん》を以《もっ》て成《な》り、漸《ぜん》を以《もっ》て変《へん》ずるは、少しも間断《かんだん》なきを以《もっ》てなり。

嘉永《かえい》二年（一八四九）秋（カ）「倉江《くらえ》に濤《なみ》を観《み》るの記《き》」

現代語訳

物事が徐々に形となり、徐々に変化するのは、少しも切れ目がないからこそである。

間断《かんだん》なきを以《もっ》て

学問や人格形成など全てにおいて、一夜漬けはない。また、たまに努力しても効果はない。継続、それも一瞬の「間断」もない継続。これのみである。これが我々凡人には実にむずかしい。しかし、これのできる人間は確実にいる。超一流の人物である。

吾《わ》れ生年三十《しょうねんさんじゅう》、未《いま》だ曾《かつ》て自分《じぶん》の事《こと》を人《ひと》に頼《たの》んだ覚《おぼえ》はない。

安政《あんせい》六年（一八五九）四月九日（カ）「岡部富太郎宛書翰《おかべとみたろうあてしょかん》」

現代語訳

私は生まれて三十年、今まで一度たりとも自分のことを（こうしてくれ、ああしてくれと）他者に頼んだ覚えはない。

自分《じぶん》の事《こと》を人《ひと》に頼《たの》んだ覚《おぼえ》はない

学生時代、恩師が「侍というものは、自分のことを他者に頼むものではありません。これが守れるだけで立派な侍ですぞ」と教えてくださった。私は俗物の代表の一人であり、人生、天の命ずるままに生きてきた。しかし、この教えだけは守ってきたとの自負がある。

人《ひと》古今《ここん》に通《つう》ぜず、聖賢《せいけん》を師《し》とせずんば、則《すなわ》ち鄙夫《ひふ》のみ。読書尚友《どくしょしょうゆう》は君子《くんし》の事《こと》なり。

安政《あんせい》二年（一八五五）三月「士規七則《しきしちそく》」

現代語訳

人たる者、昔や今の事象を知らず、古《いにしえ》の立派な心ある人を先生としないのであれば、つまらない男というべきである。書を読み、その中の心ある立派な人と交わることは君子のありようである。

読書尚友《どくしょしょうゆう》は君子《くんし》の事《こと》なり

時に、昔の書の中で、素晴らしい生き方をした古人と出会い感動することがある。もちろん恩師や友人など生きている人と出会い、感動することは多い。しかし、生涯「付き合い」続ける古人の存在はことさら大きい。

私のようないいかげんな者でも、心ある立派な人に学びたいという念願はもってきた。

その意味でも、人生において「読書尚友」は本当に大切である。

材《ざい》を達《たっ》し徳《とく》を成《な》す総《す》べて酸辛《さんしん》

嘉永《かえい》三年（一八五〇）十月「先哲叢談前後編《せんてつそうだんぜんこうへん》を読《よ》む」

現代語訳

才能を伸ばして人としての徳を身につけることは、辛く、苦しい。

材《ざい》を達《たっ》し徳《とく》を成《な》す総《す》べて酸辛《さんしん》

松陰二十一歳の時の感慨である。いうところは人生の真理であろう。しかし、松陰という人、実に不思議な人ではある。二十一歳で本当にこれが分かっていたのであろうか。私など六十一年も生きて来て、やっと「人生煮え湯と冷や飯」と悟っただけだが。やはり、これが偉人と凡人の差か。

勝《か》つべからざるは己《おの》れに在《あ》りて心《こころ》に存《そん》す

嘉永《かえい》元年（一八四八）「長篠戦《ながしののたたかい》の論《ろん》」

現代語訳

勝つことのできない原因は自分であり、これは心にある。

己《おの》れに在《あ》り

敵は他者ではなく、自分であるということか。将《まさ》に然り。自分という者の弱さ、情けなさをしっかりと自覚するところから人生は始まる。ところが、若い頃にはこれがなかなか分からない。それどころか、これを必死で繕い、隠そうとする。

鎧《よろい》兜《かぶと》を着けたまま人生を歩いても、そこに人間としての成長はない。

人《ひと》の話《はなし》を徒《いたず》らに聞《き》かぬ事《こと》と、聞《き》いた事《こと》見《み》た事《こと》、皆書留《みなかきと》め置《お》く事《こと》、肝要《かんよう》の心得《こころえ》なり。

安政《あんせい》二年（一八五五）三月某日「松本源四郎宛書翰《まつもとげんしろうあてしょかん》」

現代語訳

人の話をただ、ぼーっとして聞かないこと、聞いたことや見たことを記録すること、これらは非常に大切な心得である。

肝要《かんよう》の心得《こころえ》

学問の基本である。しかし、書き留めておけばいいというものでもない。

私など、生徒、学生の頃から、授業、講義、講演などの記録をどれほど「積ん読」してきたことか。今思えば、あれは「勉強ごっこ」だったのだろうか。

この心得を本心から実行できるようになれば、学問もホンモノというべきか。

天《てん》下成《かな》し難《がた》きの事多《ことおお》し、然《しか》れども、内《うち》、其《そ》の心《こころ》を竭《つく》し、外《そと》、其《そ》の力《ちから》を尽《つく》し、以《もっ》て之《こ》れに臨《のぞ》むに至《いた》りては、何《なに》を欲《ほっ》してか得《え》ざらん。何《なに》を為《な》してか成《な》らざらん。

嘉永《かえい》二年（一八四九）十月十一日「対策一通《たいさくいっつう》」

現代語訳

天下にはなし遂げることのむずかしいことは多い。しかし、自分の中でその心を尽くし、外に向けて全力を尽くして物事に対処すれば、望むもので得られないものがあろうか、ありはしない。行うことでできないことがあろうか、ありはしない。

内《うち》、其《そ》の心《こころ》を竭《つく》し、外《そと》、其《そ》の力《ちから》を尽《つく》し

人生には、できないことも確かにある。しかし、人間とは不思議なもので、もうこれ以上努力できることはないという極限まで心力を尽くせば、たとえ上手くいかなかったとしても、後悔など微塵もせず、むしろ満足感さえ感じるものである。これが人間のよくできているところか。更にいえば、こんな失敗であれば、大いに自分の滋養になる。しかし、ここまで尽くせる人間は少ないのも事実である。

苟《こう》免《めん》を止《や》む

嘉永《かえい》二年（一八四九）十月十一日「対策一通《たいさくいっつう》」

現代語訳

一時のがれをしない。

苟免《こうめん》を止《や》む

私などこの最たる者である。その時だけ上手くいけばいいと考えるのは人の常であり、人間のもつ弱さであろう。しかし、これで解決する問題はない。また、ここから学ぶことがあるとすれば、それは後悔のみである。

正々堂々、勇猛果敢に難事に突撃しよう。ここから、道が拓ける。

克《こっ》己力行《きりっこう》

嘉永《かえい》三年（一八五〇）五月十二日「中庸講義《ちゅうようこうぎ》」

現代語訳

己に勝ち、全力で努力する。

克己力行《こっきりっこう》

『大学』には、「修身斉家治国平天下《しゅうしんせいかちこくへいてんか》（天下を治めるにはまず自分の行いを正しくし、次に家庭をととのえ、そして国家を治め、天下を平和にすべきである）」とある。しかし、有史以来、「修身」ができた人間などいるのであろうか。その意味で、昭和最後の禅僧といわれた沢木興道禅師の「七十になるまで、衲《のう》（自分）は人によく思われたいというところがあった」との一言に、どれほど救われることか。しかし、生き方のベクトルだけはこれを堅持し続けたい。

まなぶ——努力とは誰にも負けない努力をすることである

吉田松陰という人の政治論や具体的実践、また、松下村塾での教育などを見れば、松陰という人は確かにある意味、天才だったのであろう。現在でも、松陰のことを、勉強好きで優秀な青年だったと考えている人は多い。若い頃の私もそう考えていた。

ところが、嘉永《かえい》三年（一八五〇）、二十一歳の松陰は「材《ざい》を達《たっ》し徳《とく》を成《な》す総《す》べて酸辛《さんしん》（才能を伸ばして人としての徳を身につけることは、辛く、苦しい）」（本書86頁参照）と記し、また、その二年後の嘉永五年には、「日《ひ》〻《び》古人《こじん》の書《しょ》を取《と》りて之《こ》れを読《よ》み、始《はじ》めて古人《こじん》の深《しん》厚該博《こうがいはく》、大《おお》いに己《おの》れに異《こと》なるを知《し》る。徐《ひそ》かに其《そ》の為《な》す所《ところ》を観《み》、其《そ》の由《よ》る所《ところ》を考《かんが(う)》ふるに、唯《た》だ勤《つと》むるのみ（日々、昔の心ある立派な人の書を手にしてこれを拝読し、古人が学問に深くかつ広く通じ、自分とは大きく異なっていたことを初めて知った。心静かに古人の行われたことを概観し、その理由を考えたところ、ただ努力のみであると知った）」（本書76頁参照）と記している。これを知った時の衝撃は今も鮮明に覚えている。私が二十五歳、まだ学生時代のことであった。「なんだ松陰もそうだったのか。俺と一緒だな」というのがその時の感慨である。

松陰が「酸辛」と書いていることには多くのことを考えさせられた。松陰は二十一歳ですでに学問・人格形成の道は「つらい、苦しい」と自覚していたが、それから逃げようとせず、以後、真摯な努力を続けている。その松陰が更に「古人」と自分との違いを自覚し、それを冷静に分析し、「唯《た》だ勤《つと》むるのみ」と己を叱咤しているのである。これらに、私は松陰と私共凡人の差を教えられた。

そんな松陰が行き着いたところが、安政《あんせい》二年（一八五五）八月の、「力《ちから》の足《た》らざるに非《あら》ず、乃《すなわ》ち学習《がくしゅう》専《もっぱ》らならざるの致《いた》す所《ところ》なり（学力が足りないのではない。つまり、学問に専念していないことが、そのような学力不足を招来しているのである）」（本書62頁参照）という、江戸遊学へ出る同志白井小助《しらいこすけ》への激励にみられる自覚である。これこそ将に己の体験から発した激励であり、自らの到達した境地だったのであろう。松陰の、人としての成長が見て取れる。この間、松陰が同志や門人に発すると同時に、己を鼓舞し続けた叱咤・激励の語は枚挙にいとまない。

以上より、松陰という青年は、間断のない努力、それも誰にも負けない努力によって生涯を駆け抜けた青年ということができる。私共が松陰に学ぶことは将にこれである。

第二章

はぐくむ

寅《とら》次郎《じろう》も散々《さんざん》之《の》仕合《しあい》気《き》之《の》毒千万《どくせんばん》之《の》儀《ぎ》口惜《くちおし》キ次第《しだい》ニ御《ご》座《ざ》候《そうろう》（中略）自身《じしん》ニ堅確《けんかく》に思付《おもいつき》候《そうろう》儀《ぎ》有之《これあり》候《そうらい》て之《の》事《こと》ニて（後略）。

安政《あんせい》元年（一八五四）五月九日「杉《すぎ》百合《ゆり》之《の》助《すけ》より梅太郎《うめたろう》に与《あた(う)》ふ」

現代語訳

松陰も散々なことで、大変気の毒であり、さぞ悔しい思いをしていることであろう。（中略）松陰が自分でまちがいのないことと考えての行動であれば（後略）。

気之毒千万之儀《きのどくせんばんのぎ》

下田事件を起こした息子松陰のことについて父百合之助が松陰の兄梅太郎へ書き送った手紙の一節である。ここに、息子松陰への恨み辛みなどは全くない。自分が育てた子松陰への信頼があるのみである。

この父の元で松陰は育った。

太《たい》夫人《ふじん》貧困《ひんこん》の中《なか》に在《あ》りて、最《もっと》も心《こころ》を子女《しじょ》の教育《きょういく》に用《もち（う）》ふ、諄々《じゅんじゅん》訓誨《くんかい》、家事《かじ》を以《もっ》て家業《かぎょう》を缺《か》かしめず。

明治《めいじ》二十三年（一八九〇）九月「太夫人實成院行状《たいふじんじつじょういんぎょうじょう》」杉民治《すぎみんじ》編《へん》

現代語訳

（松陰の）母瀧子は貧困の中にあっても、心を最も子女の教育に払った。丁寧に諭し教え、家の用事を理由に学問を欠かすようなことはさせなかった。

太夫人《たいふじん》――最《もっと》も心《こころ》を子女《しじょ》の教育《きょういく》に用《もち(う)》ふ

松陰の兄杉民治、つまり梅太郎が母瀧子のことを回顧した一文である。
松陰の生まれた杉家の家禄は二十六石。父杉百合之助《すぎゆりのすけ》、母瀧子《たきこ》のもとに、長男梅太郎《うめたろう》（二歳上）、次男松陰、長女千代《ちよ》（二歳下）、次女壽子《ひさこ》（十歳下）、三女艶子《つやこ》（十二歳下。早世）、四女文《ふみ》（十四歳下）、三男敏三郎《としざぶろう》（十六歳下）という七人兄弟がいた。よって、母瀧子の生活は、「夫百合之助に従って野良《のら》で耕作し、山で木を刈り、その時の寒暑や労苦を考える暇さえなかった。百姓仕事の苦しみや辛さをことごとく経験し、一方では自分で馬の世話まで行った。その後百合之助がお城奉公となり、六年間お城住みとなったが、もちろん人を雇うことなどできなかった。瀧子が百合之助に代わって一手に家のことを処理し、田んぼを耕作」するというものであった。

しかし、このような中でも、瀧子は「最《もっと》も心《こころ》を子女《しじょ》の教育《きょういく》に用《もち(う)》ふ、諄々訓誨《じゅんじゅんくんかい》、家事《かじ》を以《もっ》て家業《かぎょう》を欠《か》かしめ」なかったという。これが松陰を育てた母瀧子である。我が国の理想の母親像の一つであろうか。

阿《あ》兄《けい》は常《つね》に妹共《いもうとども》を戒《いまし》むるに、心清《こころきよ》ければよし、（中略）婦人《ふじん》たるものはよく心得《こころう》べしと言《い》ひ《（い）》にき。

明治《めいじ》四十一年（一九〇八）九月「松陰先生《しょういんせんせい》の令妹《れいまい》を訪《と》ふ《（う）》」松宮丹畝《まつみやたんぽ》

現代語訳

兄松陰は常に私共妹を戒めるにあたり、心が清らかであればよい、（中略）女性たる者はこれをよく心得るようにといっておりました。

心清《こころきよ》ければよし

松陰が最も親しかったという妹千代の回顧である。松陰には、「男子がどれほど精神が強くたくましくして武士道を守ったとしても、婦人が道を失う時は、家は治まらず、子孫への教えも戒めもすたれて絶えてしまう」との意識があり、「まず女子教育である」との自覚があった。（本書124頁参照）

その松陰が妹に最も強調したことは、この「心清《こころきよ》ければよし」との教えであったという。

男女を問わず、我々は父母あるいは兄姉など、さまざまな立場から年少者に期待をかけ、口うるさく「教育」する。しかし、最終的にはこれに勝る教えはなかろう。

従《じゅう》遊《ゆう》の士《し》復《ま》た謝絶《しゃぜつ》せざるときは、太孺人《たいじゅじん》則《すなわ》ち扃鑰《けいやく》もて門戸《もんこ》に持《じ》し、気《き》を盛《さか》んにし辞《ことば》を厲《はげ》まし、鞅鞅《おうおう》として諸子《しょし》を去《さ》らしむ。

嘉永《かえい》五年（一八五二）九月「猛省録《もうせいろく》」

現代語訳

邦才《ほうさい》がまた遊び友達を断らない時には、母は家の玄関に鍵をかけ、気力を振り絞って語気を強め、不満に思う友達を立ち去らせた。

気《き》を盛《さか》んにし辞《ことば》を厲《はげ》まし

許邦才《きょほうさい》の母は中年の頃に寡婦《かふ》となり、それからは日夜一人息子の邦才が一人前の男子となることを待ち続けた女性である。友達が遊びに来るたび、勉強を止めて迎える息子邦才に対してその都度「細かにその非を説き」叱ったという。

いずれにせよ、最初は自分のために記した松陰が、後にこれを友人井上壮太郎にわざわざ贈っていることは、松陰が許邦才《きょほうさい》の母の生き方を是とした証左とみてよかろう。

母という者、いつの時代も憎まれ役という損な役割を負う存在であることが分かる。

篤《とく》

太善篤令俗淳《たよくあつくしてぞくをすなおならしめよ》

安政《あんせい》元年（一八五四）十一月九日〜十一日「兄杉梅太郎《あにすぎうめたろう》と往復書簡《おうふくしょかん》」

現代語訳

篤太、しっかり恩愛深い人となり、軽薄な風俗を淳良《じゅんりょう》に変えよ。

善篤令俗淳《よくあつくしてぞくをすなおならしめよ》

妹壽子《ひさこ》の子である篤太郎《とくたろう》の誕生を祝う漢詩である。篤太郎本人に宛てたものでないことはいうまでもない。とりわけ、この一節は、篤太郎の母である妹壽子に、篤太郎がこのような人物となるような教育をせよとの教えであろう。ここから、松陰は幼児教育の重要性を意識しており、妹の子に対して実践していたとみることができる。

なお、同年十二月、松陰は妹千代に「胎教」の重要性を、「昔、聖人には胎教という教えがあった。子供が母の胎内に宿れば、母は言葉遣い、立ち居振る舞いから食べ物に至るまで全てに用心し、正しくないことがないようにすれば、生まれてくる子は姿かたちは正しく、器量は他者に勝るとされていた。道理に暗い人々の考えでは、胎内に宿った目も見えず、口もきけないものが、母の行いが正しいからといってどうしてそれが影響を与えるであろうかと思うようであるが、これは道理というものを知らないために理解できないのである」と諄々と説いている。

温《おん》柔寛緩《じゅうかんかん》、以《もっ》て生子《せいし》を育《はぐ》くみ、以《もっ》て他日学《たじつがく》を為《な》すの資《し》と為《な》さんことを。

安政《あんせい》元年（一八五四）十一月九日～十一日「兄杉梅太郎《あにすぎうめたろう》と往復書簡《おうふくしょかん》」

現代語訳

温和かつおっとりとした態度で篤太郎を育て、そしていつの日か篤太郎が学問をする時のよりどころとするように心がけなさい。

温柔寛緩《おんじゅうかんかん》

松陰は妹壽子のことを、「子どもの頃からせっかちな気性があった」とのべ、「これは篤太郎の血の中に受け継がれて災いの元となるだろう」と心配している。それが、この兄梅太郎への伝言依頼となった。

その妹壽子にここまで指導する松陰のこまめさには、感服するほかない。

教《おしえ》といふ《（う）》も、十歳已下《じゅっさいいか》の小児《しょうに》の事《こと》なれば、言語《げんご》にてさとす《（喩す）》べきにもあらず。只《た》だ正《ただ》しきを以《もっ》てかんずる《（感）》の外《ほか》あるべからず。

安政《あんせい》元年（一八五四）十二月三日「妹《いもうと》千代《ちよ》宛《あて》書翰《しょかん》」

現代語訳

教えといっても、十歳以下の子供に対するものなので、言葉で諭すべきものでもない。ただ正しい生き方をして感じさせる以外にないのである。

只《た》だ正《ただ》しきを以《もっ》て

松陰は母である妹千代に対し、「正《ただ》しき」人たれと教えている。千代はいくつになっても松陰にとってはかわいい、大切な妹だったのであろう。

氏《うじ》よりはそだち《（育ち）》と申《もう》す事《こと》あり、子供《こども》をそだつ《（育）》る事《こと》は大《たい》切《せつ》なる事《こと》なり。

安政《あんせい》元年（一八五四）十二月三日「妹千代《いもうとちよ》宛書翰《あてしょかん》」

現代語訳

氏素姓のよさよりは子供の育て方や環境が大事であるといっている。子供を育てることは実に大変なことである。

子供《こども》をそだつる（育）事《こと》は大切《たいせつ》なる事《こと》なり

俗に、「子供は 親の背中を見て育つ」といい、また、「親は無くとも子は育つ」という。松陰は前者を重視している。将《まさ》に妹であり母である千代への教えである。

先《せん》祖《ぞ》を尊《とうと》ぶと、神明《しんめい》を崇《あが》むると、親族《しんぞく》を睦《むつま》じくすると、已上三事《いじょうさんじ》なり。是《こ》れが子供《こども》をそだつる（育）上《うえ》に大切《たいせつ》なる事《こと》なり。

安政《あんせい》元年（一八五四）十二月三日「妹《いもうと》千代《ちよ》宛書翰《あてしょかん》」

現代語訳

先祖を尊ぶこと、神様を崇めること、親戚が仲良くすること、以上の三点である。これが子供を育てる上で大切なことである。

子供《こども》をそだ《（育）》つる上《うえ》に大切《たいせつ》なる事《こと》

松陰はこの三つを強調し、これに続けて、これを実践するだけで子供は白《おの》ずから「かしこく《（賢く）》もよく《（善く）》もなる」と教えている。経験のない松陰は、これをどこで学んだのであろうか。

更に、成長して他者の話が分かるようになれば、色々な「善き」物語の読み聞かせをするのがよいとも教えている。

松陰の幼児教育の勧めである。

忠《ちゅう》孝誠可貴《こうまことにとうとぶべし》。学問為之先《がくもんこれがせんをなす》。

安政《あんせい》元年（一八五四）十二月三日「妹《いもうと》千代《ちよ》宛書翰《あてしょかん》」

現代語訳

人として貴ぶべきは忠孝の大道である。このためには学問をすることが第一である。

学問為之先《がくもんこれがせんをなす》

松陰は当時萩の野山獄にいた。そこで、松陰が実践している昔の聖人、賢者の教えを記し、「忠孝誠可貴。学問為之先《ちゅうこうまことにとうとぶべし がくもんこれがせんをなす》」と妹千代に書き送っている。甥《おい》萬吉をこのように育てよという、松陰の幼児教育の実践記録である。

月々《つきづき》の御因《おちな》み会《かい》も引《ひ》きつづき之《こ》れある様子《ようす》、けつこう（結構）の御事《おんこと》に存《ぞん》じ候《そうろう》。

安政《あんせい》二年（一八五五）十一月六日「妹《いもうと》千代《ちよ》宛書翰《あてしょかん》」

現代語訳

月々の勉強会「御因み会」も引き続き行っている様子、結構なことと思います。

御因《おちな》み会《かい》

御因《おちな》み会《かい》は毎月一度、親戚の子女だけで行った勉強会といわれるが、詳細は不明である。松陰の女子教育への期待をうかがうに足る手紙である。

先《ま》づ《(ず)》女子《じょし》を教戒《きょうかい》せずんばあるべからず。男子《だんし》何程《なにほど》剛《ごう》腸《ちょう》にして武士道《ぶしどう》を守《まも》るとも、婦人道《ふじんみち》を失《うしな》ふ《(う)》時《とき》は、一《いっ》家《か》治《おさ》まらず、子孫《しそん》の教戒《きょうかい》亦《また》廃絶《はいぜつ》するに至《いた》る。

安政《あんせい》三年（一八五六）八月以降「武教全書講録《ぶきょうぜんしょこうろく》」

現代語訳

まず女子を教え戒めなければならない。男子がどれほど精神が強くたくましくして武士道を守ったとしても、婦人が道を失う時は、家は治まらず、子孫への教えも戒めもすたれて絶えてしまう。

女子《じょし》を教戒《きょうかい》せずんばあるべからず

「武教全書講録」は、一族の男子を対象として行った山鹿素行の『武教小学』全部及び『武教全書』「惣目録」部分の講義記録である。この席に一族の女子、とりわけ妹が参加した記録はない。これは、松陰が出席者を通してすでに嫁いでいた妹千代、壽子らへ発したメッセージであろうか。松陰はこのような勉強会においても女子教育の必要性を力説していた。

賢《けん》母《ぼ》あらば必《かなら》ず賢子《けんし》あり

安政《あんせい》四年（一八五七）四月五日「周布君《すふくん》の太孺人某氏《たいじゅじんぼうし》八十寿《やそじゅ》の序《じょ》　家兄《かけい》に代《かわ》りて」

現代語訳

人として優《すぐ》れた母がいれば、人として優れた子供がいる。

賢《けん》母《ぼ》あらば必《かなら》ず賢《けん》子《し》あり

畏友周布《すふ》正之助《まさのすけ》の母の八十歳を祝い、兄梅太郎に代わって松陰が記したものである。母の存在はかくも大きい。将《まさ》に真理である。

人《ひと》は一心不乱《いっしんふらん》になりさへ（え）すれば何事《なにごと》へ臨《のぞ》み候《そうらい》てもちつ（っ）とも頓着《とんちゃく》はなく（後略）。

安政《あんせい》六年（一八五九）四月十三日「妹《いもうと》千代《ちよ》宛書翰《あてしょかん》」

現代語訳

人は一つのことに心を注ぎ、他のことのために心乱れるということがなくなりさえすれば、何事に臨んでも深く気にかけるということはなくなる。

一心《いっしん》不乱《ふらん》になりさへ（え）すれば

松陰は妹千代にも「一心不乱」たれ、と教えている。この一文につづけ、否定すべきこととして、「不忠・不孝・無礼・無道」を挙げている。

己《おの》れに得《え》て以《もっ》て人《ひと》に伝《つた（う）》ふる

嘉永《かえい》二年（一八四九）五月十五日「葉山鎧軒《はやまがいけん》に与《あた（う）》ふる書《しょ》」

現代語訳

自分で納得し、そして、他者に伝える。

己《おの》れに得《え》て以《もっ》て人《ひと》に伝《つた(う)》ふる

親が子供に教えることは数限りない。しかし、何をおいても基本はこれであろう。だからこそ、親たる者は生涯学び続ける必要がある。親が学び得たものを、自分の言葉で子供に伝えること、これがあるいは教育の基本かもしれない。

万事《ばんじ》速《すみや》かに成《な》れば堅固《けんご》ならず、大器《たいき》は遅《おそ》く成《な》るの理《ことわり》に
て、躁敷《さわがし》き事《こと》にては大成《たいせい》も長久《ちょうきゅう》も相成《あいな》らざる事《こと》に之《こ》
れあるべく候《そうろう》(後略)。

嘉永《かえい》元年(一八四八)十月四日「明倫館御再興《めいりんかんごさいこう》に付《つ》き気付書《きづきしょ》」

現代語訳

何であっても早く成立するものはしっかりしたものとはならない。優れた人物はゆっくり完成するというのが道理であり、騒々しく、いそがしい状況では、立派な人物になることも、また、ずっと永続きすることもできないことです。

大器《たいき》は遅《おそ》く成《な》る

松陰が野山獄での獄中俳諧で「節洞」なる同囚の歌として記した「孫だいてばばはうかれて子伝歌」という時分は、乳呑み児らを微笑ましく見つめるだけである。ところが、爺、婆、親というものは、まもなく子供に過大な期待を寄せるようになる。そして、「早く、早く」と促成ばかりに必死となる。しかし、人間というものが育つ上で絶対に必要なもの、それは「時」である。

松陰は妹たちに幼児教育を勧めているが、一方でそれが過ぎることを戒める考えをもっていたことも記憶しておきたい。

令《れい》する所《ところ》に従《したが(わ)》はずして好《この》む所《ところ》に従《したが(う)》ふは、人情《にんじょう》の常然《つねしか》り。

安政《あんせい》二年（一八五五）八月六日「講孟劄記《こうもうさっき》」

現代語訳　情として、人は命令することに従わずに命令する人の好むところに従うものである。

好《この》む所《ところ》に従《したが(う)》ふ

親という者、ついこれを忘れ、子供にあれやこれやと口うるさく命令をするものである。しかし、子供のみならず人間というものが「好《この》む所《ところ》に従《したが(う)》ふ」ということは、将《まさ》に真理であろう。

子供に勉強好きになってほしいと思えば、まず、親が勉強を好きになることである。親が学ぶ姿を見せることである。これが一見迂遠《うえん》に見えて、子供を勉強好きにする一番の近道であろう。

政《まつりごと》を為《な》すの要《よう》は、人々《ひとびと》をして鼓舞作興《こぶさっこう》して、各々自ら《おのおのみずか》
淬励《さいれい》せしむるにあり、若《も》しそれをして法度《はっと》の外《そと》に自
暴自棄《ぼうじき》せしめば、善《よ》く政《まつりごと》を為《な》すと云《い》ふ(う)べからず。

安政《あんせい》二年(一八五五)九月十一日「福堂策下《ふくどうさくげ》」

現代語訳

政治を行う時のポイントは、人々の気を奮い立たせてやる気にさせ、それぞれが自分から一心に努め励むようにすることである。もし、そのようにしても(人々を)法律に外れた世界で、やけにさせるようであれば、よい政治を行っているとはいえない。

自《みずか》ら淬励《さいれい》せしむ

子供を育てることも同様であろう。親ができるのは、「鼓舞作興《こぶさっこう》」するところまでである。要は本人がその気になってくれることであるが、親というもの、待てない者が多い。『孟子』公孫丑上《こうそんちゅうじょう》二章《にしょう》に、「宋《そう》の国の百姓に、苗の成長が遅いのを心配し、（早く伸びろとばかり）一本一本引っ張った者がいた。ぐったり疲れて帰宅するなり、『ああ、今日は疲れた。苗を引っ張ってきたものだから』といった。（それを聞いて、）その息子は（心配になり）田んぼへ駆け付けてみたら、苗はすっかり枯れてしまっていた。世間には苗を引っ張って成長させようとするような（馬鹿げた）ことをする者が少なくない」という逸話がある。笑えない話である。

武《ぶ》士《し》は壮健《そうけん》にそだち申《もう》さず候《そうらい》ては物前《ものまえ》の用《よう》に立《た》たざるは勿論《もちろん》なり。尚《な》ほ《（お）》亦《また》十《じゅう》余《よ》歳《さい》に成《な》り候《そうらい》ては根気強《こんきづよ》く物《もの》に堪《た》へ《（え）》候《そうろう》様《よう》の修行《しゅぎょう》肝要《かんよう》に存《ぞん》じ奉《たてまつ》り候《そうろう》。

嘉永《かえい》四年（一八五一）六月二十八日以降「叔父《おじ》玉木《たまき》文之進《ぶんのしん》宛《あて》書翰《しょかん》」

現代語訳

武士というものは、心も体も元気で丈夫に育たなければ、いざという時に役に立たないことはもちろんです。また十数歳ともなれば、辛抱強く、物事に堪えるという修行が非常に大切かと思います。

根気《こんき》強《づよ》く物《もの》に堪《た(え)》へ候《そうろう》様《よう》の修行《しゅぎょう》

これに続けて松陰は「堅忍《けんにん》と壮健《そうけん》とは常《つね》に相因《あいよ》るものに付《つ》き、何分《なにぶん》其《そ》の御心得《おこころえ》申《もう》すも愚《おろ》かに存《ぞん》じ奉《たてまつ》り候《そうろう》（堪え忍ぶことと心も体も元気で丈夫であることは密接不離であり、その心得を口にすることも愚かと考えます）」と念を押している。

心身共に健康であること。これは親たる者なら誰もがわが子に願い、積極的に取り組む事項であろう。では、「辛抱強く、物事に堪えるという修行」についてはいかがであろうか。ほとんどの親、とりわけ母親は拒絶したいものではなかろうか。松陰が、この両者は「相因《あいよ》る」ものであると述べている意味を、親たる者は今一度考えてほしい。

必《かなら》ずしも為《な》さざるの事《こと》を以《もっ》て人《ひと》に勧《すす》むることなかれ。為《な》すべからざるを以《もっ》て人《ひと》を責《せ》むることなかれ。為《な》さざるべからざるの事《こと》を勧《すす》めて、為《な》すべきの事《こと》を責《せ》めよ。

安政《あんせい》六年（一八五九）正月二十四日「李卓吾《りたくご》の『劉肖川《りゅうしょうせん》に別《わか》るる書《しょ》』の後《あと》に書《しょ》して子大《しだい》に訣《わか》る」

現代語訳

必ずしも（自分が）しないことを他者に勧めてはいけない。するべきではないことを取り上げて（何故しないのかと）他者を責めてはいけない。しない訳にはいかないようなことを勧め、するべき（なのにしていない）ことを責めなさい。

為《な》すべきの事《こと》を責《せ》めよ

自分の「為《な》さざるの事《こと》」を子供に勧める親は多い。勉強などはその最たるものか。親がまず勉強することが先であろう。

親がなすべきことは、うるさくいわなくても子供にはきちんと分かっているであろう「為《な》さざるべからざるの事《こと》」、「為《な》すべきの事《こと》」を懇切丁寧に「勧め」、「責」めることである。考え違いをし、これをやらない親が増えていること、これが一番の問題か。

ただ、悲しいことに時々「為《な》すべからざる」ことを我が子に「勧」める親の存在を耳にすることがある。将《まさ》に「人心不正」そのものである。

はぐくむ――一人《ひとり》の逸居《いっきょ》すべきなく、一人《ひとり》の教《おしえ》なかるべきなし

幕末の志士として活動していた松陰が、その一方で嘉永《かえい》三年（一八五〇）から安政《あんせい》六年（一八五九）までの間、途切れることなく女子教育論を展開していたことは、案外と知られていない。それは、松陰には、「男子が武士道を守ったとしても、婦人が道を失えば家は治まらない」との危機感があり、その責任は男子にあるとの自覚があったからである。

松陰が生涯にわたって妹たちに説き続けたのは、心のあり方である。それは、「正直」であれ、「正しき気」をもて、「心清ければよし」との教えであった。このため、妹たちに「学問」を奨励している。

注目すべきは「凡《およ》そ生《せい》を天地間《てんちかん》に稟《う》くる者《もの》、貴《き》となく賤《せん》となく、男《おとこ》となく女《おんな》となく、一人《ひとり》の逸居《いっきょ》すべきなく、一人《ひとり》の教《おしえ》なかるべきなし。然《しか》る後初《のちはじ》めて古道《こどう》に合《あ》ふ《（う）》と云《い》ふ《（う）》べし（そもそもこの世の中に人として生まれた者は、身分や性別にかかわらず、一人として怠けて気ままにしているべきではなく、一人として教えないでいいというものはない。こうして初めて昔からの正しい教えに及ぶというべきである）」（本書218頁参照）とか、「女《おんな》は当《まさ》に人《ひと》に適《てき》すべし、而《しか》も漸《すす》んで訓誨《くんかい》せられず（女は他者に合わせるべきであるが、すすんで訓誡されない）」と述べていることである。ここから、私は、松

陰は女性をあるいは区別はしていたが、差別、いわゆる「男尊女卑」観は希薄だったのではないかと考えている。また、武家の娘は、父兄が戦死した際には父兄になり代わり家を守るという定めを必然的に負っている、という特殊性も理解していたと思う。

更に、嫁げばこれに母という責任が加わる。これに関して松陰は、妹千代に、「十歳《じゅっさい》已下《いか》は母《はは》のをしへ《（教え）》を」受けることが多く、とりわけ「小児《しょうに》」に言葉の教育はできないので、ただ「正《ただ》しき」（本書114頁参照）ものを感じさせて導く以外にないことから、母たる者は学問によって更に一層正しい心をもて、と教えている。

また、松陰がいわゆる「幼児教育」を重視し、「忠孝誠可貴《ちゅうこうまことにとうとぶべし》。学問為之先《がくもんこれがせんをなす》（人として貴ぶべきは忠孝の大道である。このためには学問をすることが第一である）」と、具体的に指示していたという事実も注目に値する。また、安政《あんせい》三年八月の「武教全書講録」以降、理想ともいうべきあっぱれな女性を提示していることも、妹たちへの教育の一環だったものと思われる。

これら妹への教えを、志士として、あるいは松下村塾の主宰者として活動していた全生涯を通じて継続していたという事実は、松陰が妹たちのことを真摯に考えていた証左であろう。

ここにもまた、私共の知らない松陰がいる。

第三章

愛しむ

大樹《たいじゅ》まさに顛仆《てんぷ》せんとす、一縄《いちじょう》の継《つな》ぐべきに非《あら》ず。且《しばら》く北園《ほくえん》の棘《いばら》を除《のぞ》き、盛《さか》んに桃李《とうり》の枝《えだ》を植《う》ゑ（え）ん。

安政《あんせい》元年（一八五四）九月から十月「松陰詩稿《しょういんしこう》」

現代語訳

大木がまさに倒れようとしている時には、一本の縄でつなぎ止めることはできない。（同様に、現在我が国がまさに倒れようとしているが、それを一人で阻止することはできない。）しばらくロシア来襲の脅威を取り除きながら、その一方で心ある青年の育成を行いたい。

盛《さか》んに桃李《とうり》の枝《えだ》を植《う》ゑん（え）

これは決して幕末のことなどではない。将《まさ》に現在の我が国のことである。

現在教職にある者に、これほどの気概をもつ教師は育っているか。

素直なよい子を育てることだけが教師の職務ではない。心ある日本人の育成、これこそがなすべき急務であり、重要な職務である。

人《ひと》の患《うれい》は、好《この》んで人《ひと》の師《し》となるに在《あ》り。

安政《あんせい》二年（一八五五）九月七日「講孟箚記《こうもうさっき》」

現代語訳

人間の情けないところは、自分から進んで他者の師になりたがることである。

人《ひと》の患《うれい》は、好《この》んで人《ひと》の師《し》となるに在《あ》り

『孟子』離婁上《りろうじょう》二十三章本文である。これを受け、松陰は「人《ひと》の師《し》とならんことを欲《ほっ》すれば、学《まな》ぶ所《ところ》己《おのれ》が為《た》めに非《あら》ず、博聞強記《はくぶんきょうき》、人《ひと》の顧問《こもん》に備《そな(わ)》はるのみ。而《しこう》して是《こ》れ学者《がくしゃ》の通患《つうかん》なり。吾《わ》が輩《はい》尤《もっと》も自《みずか》ら戒《いまし》むべし。凡《およ》そ学《がく》をなすの要《よう》は己《おのれ》が為《た》めにするにあり。己《おのれ》が為《た》めにするは君子《くんし》の学《がく》なり。人《ひと》の為《た》めにするは小人《しょうじん》の学《がく》なり。而《しこう》して己《おのれ》が為《た》めにするの学《がく》は、人《ひと》の師《し》となるを好《この》むに非《あら》ずして自《おのずか》ら人《ひと》の師《し》となるべし。人《ひと》の為《た》めにするの学《がく》は、人《ひと》の師《し》とならんと欲《ほっ》すれども遂《つい》に師《し》となるに足《た》らず（人の師となりたいと思えば、学問は自分のためではなく、ただ広い知識などを得て、他者の質問や相談を受けるだけのものとなってしまう。これは学者共通に見られる欠点であり、私が最も自戒すべきところである。学問の要旨は自分を磨くためにすることにある。自分のためにするのは心ある立派な人の学問である。他者の役に立つためにするのはつまらない人間の学問である。そして、自分のためにする学問は、他者の師となることを好むものではないが、自然と人から師と仰がれ、師となるものである。他者の役に立つためにする学問は、人の師となりたいと思っても、結局、師となることはできないのである）」と述べている。私共「教師」が最も学ぶべき教えである。

人《ひと》の精神《せいしん》は目《め》にあり。故《ゆえ》に人《ひと》を観《み》るは目《め》に於《おい》てす。

安政《あんせい》二年（一八五五）九月三日「講孟箚記《こうもうさっき》」

現代語訳

人の精神は目に表れる。だから、人を見る時には、目を見る。

精神《せいしん》は目《め》にあり

教師にとって教育の基本は生徒理解である。毎朝のホームルーム、連絡事項の伝達と共に大切なことは生徒の健康観察である。身体の健康だけではない。問題は心の健康である。その際、生徒・学生の目ほど、今ある状況を正直に語るものはない。

自《じ》身《しん》出精《しゅっせい》仕《つかまつ》り候《そうら》へ《（え）》ば組下《くみした》の者迄《ものまで》自然《しぜん》風化《ふうか》仕《つかまつ》るべく
存《ぞん》じ奉《たてまつ》り候《そうろう》。

嘉永《かえい》元年（一八四八）十月四日「明倫館《めいりんかん》御再興《ごさいこう》に付《つ》き気付書《きづきしょ》」

現代語訳

自分自身が精魂を込めて努め励めば、配下の者まで自然と教化されると考えます。

自身出精《じしんしゅっせい》仕《つかまつ》り候《そうら(え)》へば

我々が教えたいと思うことが全て言語化できる訳ではない。むしろ言語化できないこと、例えば、「徳」などを生徒・学生に教えたいのである。

恩師は、「教えて教えない教師。教えないで教える教師」と教えてくださった。その意味がやっと少しだけ分かる歳となった。人を教えることは、何ともむずかしい。

儒《じゅ》師《し》の儀《ぎ》は素《もと》より誠意正心《せいいせいしん》の道《みち》を以《もっ》て人《ひと》を教導致《きょうどういた》し候儀《そうろうぎ》に候《そうら(え)》へば(後略)。

嘉永《かえい》四年(一八五一)二月二十日「文武稽古万世不朽《ぶんぶけいこばんせいふきゅう》の御仕法立気付書《ごしほうだてきづきしょ》」

現代語訳

儒学者という者は、まごころと正しい心で人を教え導くものでありますれば(後略)。

誠意正心《せいいせいしん》の道《みち》を以《もっ》て

教師というもの、知識や技芸を教えることが仕事と思っている人は多い。ところが、松陰は「誠意正心《せいいせいしん》の道《みち》」で人を教え導くのが「儒師」の仕事であると藩政府への「上書」に記している。

今、こんな意見を行政機関へ提出したら、却って違和感を覚える人の方が多いのではないか。しかし、人を育てるということ、本来の意義を考えれば、これこそが正道ではないか。

後《こう》世《せい》風《ふう》俗《ぞく》軽《けい》薄《はく》に相《あい》成《な》り師《し》道《どう》相《あい》立《た》たず候《そうろう》段《だん》、第《だい》一《いち》師《し》たるもの失《しっ》徳《とく》多《おお》きより起《おこ》る事《こと》にて、（中略）師《し》たるもの行《ぎょう》を修《おさ》め門《もん》弟《てい》の模《も》範《はん》と相《あい》成《な》り候《そうろう》外《ほか》御《ご》座《ざ》なく候《そうろう》。

嘉永《かえい》四年（一八五一）二月二十日「文《ぶん》武《ぶ》稽《けい》古《こ》万《ばん》世《せい》不《ふ》朽《きゅう》の御《ご》仕《し》法《ほう》立《だて》気《き》付《づき》書《しょ》」

現代語訳

後の世である現在、風俗が軽薄で、教師たる者のあるべき道が行われていないといわれている。それは第一に、教師たる者に道徳に外れた行いの者が多いことから起きていることで、（中略）教師たる者が己を修め、門弟の模範となる以外ないことでございます。

門弟《もんてい》の模範《もはん》と相成《あいな》り候外《そうろうほか》

日々の報道で問題行動が指摘される、現在の私共「教師」に対する警告である。私共が襟を正す以外、生徒や保護者、その他一般国民の信頼を得ることはなかろう。

信頼のないところに「教育」はない。

人心《じんしん》は面《かお》の如《ごと》し、強《し》ひて（い）同《おな》じふ（じゅう）すべからず、又《また》其《そ》の同《おな》じきを害《がい》せず。

安政《あんせい》三年（一八五六）十月二十七日「名臣言行録《めいしんげんこうろく》」

現代語訳

人の心は顔のようなものであり、無理に同じにするべきではない。また、逆に、同じであることを妨げるものでもない。

人心《じんしん》——強《し》ひ《(い)》て同《おな》じふ《(じゅう)》すべからず

この一方で、七年前の嘉永《かえい》二年（一八四九）、二十歳の松陰は「天《てん》の人《ひと》を生《しょう》ずる、古今《ここん》の殊《ことなり》なし。心《こころ》は以《もっ》て養《やしな》ひ《(い)》て剛《ごう》にすべく、気《き》は以《もっ》て習《なら》ひ《(い)》て勇《ゆう》にすべし。特《た》だ養《よう》の均《ひと》しからざる、習《しゅう》の同《おな》じからざる、乃《すなわ》ち勇怯剛柔《ゆうきょうごうじゅう》ある所以《ゆえん》なりと（天が人をこの世に生み出すことにおいて、昔と今でのちがいはない。心は養って強く勇ましくするべきであり、気持ちはよき人の生き方などを見習って、勇猛にするべきである。ただ、それらの養い方が同じではなく、習い方が同じでないため、勇気があったり、臆病であったり、また、強く勇ましかったり、軟弱であったりする訳である）」と「兵学門生」佐伯《さえき》驪《り》八郎《はちろう》を激励している。

七年間の経験がこの「強《し》ひ《(い)》て同《おな》じふ《(じゅう)》すべからず」との教えになったものか。松陰もこのように成長している。「みんなちがって、みんないい」、「あるがまま」ということか。

引《ひ》きて発《はっ》せず

嘉永《かえい》二年（一八四九）「武教全書《ぶきょうぜんしょ》を読《よ》む」

現代語訳

人を教えるには、ただ学ぶ方法を教え、学ぶ者に自得させる。

引《ひ》きて発《はっ》せず

『孟子』尽心下《じんしんげ》五章には、「梓匠輪輿《ししょうりんよ》は能《よ》く人《ひと》に規矩《きく》を与《あた(う)》ふるも、人《ひと》をして巧《たくみ》ならしむること能《あた(わ)》はず（建具屋《たてぐや》・大工《だいく》・車輪工《しゃりんづくり》・車台工《しゃたいづくり》などの親方は、人にコンパスや定規の使い方は上手に教えることができる。しかし、その人の腕を（望みどおりに）上達させることはできない）」とある。これを受けて松陰は、「規矩《きく》は師匠《ししょう》にあり、巧《こう》は学者《がくしゃ》にあり。（中略）忠《ちゅう》孝仁義《こうじんぎ》の訓《おしえ》は経籍《きょうせき》にあれども、其《そ》の躬行心得《きゅうこうしんとく》に至《いた》りては豈《あ》に人《ひと》に由《よ》らざらんや（コンパスや定規の使い方を教えるのは師匠の問題である。しかし、いかに巧みに使うかということは弟子の問題である。（中略）忠孝仁義の教えは経書《けいしょ》に記されているが、その精神を実践し体得するということは、本人自身の問題、つまり、本人の素質と努力による）」と述べている。

「素質」に欠ければ、努力、それも誰にも負けない努力をする以外にない。教育の結果は決して教師だけにあるのではない。

人《ひと》固《もと》より量《はか》り易《やす》からず

安政《あんせい》三年（一八五六）八月九日「後漢書《ごかんじょ》を読《よ》む」

現代語訳

人というものは、いうまでもなく、簡単に理解できるものではない。

人固《ひともと》より量《はか》り易《やす》からず

生徒理解とは医者の問診と同じであろう。生徒・学生の現状を把握することが、「生徒指導」の出発点である。

また、生徒・学生は発展途上にあるという視点も大切である。固定的に見ることなく、あらゆる角度から「問診」を続けたい。

人《ひと》を諫《いさ》むる者《もの》安《いず》んぞ自《みずか》ら戒《いまし》めざるべけんや

安政《あんせい》四年（一八五七）六月八日「幽窓随筆《ゆうそうずいひつ》」

現代語訳

人を諫める人は、どうして常に自分を戒めなくていいだろうか。戒めるべきである。

自《みず》ら戒《いさ》めざるべけんや

以前、私が公立高校の教師をしていた時代には、己は諫めず、校長や教育委員会をよくお諫めになる方々が多かった。今思っても、戦後の我が国はやはり狂っていたのであろう。あの方々は今でも「革命家」と呼んでくれなどと叫んでおられるのであろうか。いずれ歴史が判決をくだすではあろうが。

人《ひと》各ゝ《おのおの》能《のう》あり不能《ふのう》あり、一人《ひとり》にして衆能《しゅうのう》を兼《か》ねんと欲《ほっ》すとも、決《けっ》してなることなし。

安政《あんせい》三年（一八五六）六月十三日「講孟劄記《こうもうさっき》」

現代語訳

人はそれぞれ、できることとできないことがある。一人の人間で、全ての能力を兼ね備えようと望んでも、決して、できることではない。

人各《ひとおのおの》と能《のう》あり不能《ふのう》あり

私は小学校四年生の時、算数、理科が全くできないことを知った。高校を卒業するまで、数学と理科の成績には必ず赤線が付してあった。それでも何とかこれまで生きて来た。

ところが、未だに九教科全てができることを求める世界がある。いい加減に、松陰の教えにも耳を傾けて欲しいと念じている。

士《し》は過《あやまち》なきを貴《とうと》しとせず、過《あやまち》を改《あらた》むるを貴《とうと》しと為《な》す。

安政《あんせい》元年（一八五四）冬「幽囚録《ゆうしゅうろく》」

現代語訳

立派なこころある人は過ちがないということを重んじるのではない。過ちを改めることを重んじるのである。

過《あやまち》を改《あらた》むるを貴《とうと》しと為《な》す

大人でもそうである。ましてや、成長途中にある生徒・学生は嘘もいうし、失敗もする。これが普通である。

ところが、教師という者、自分の生徒・学生時代はさておいて、嘘や失敗を殊更《ことさら》に責める。果たしてそれが正しいやり方なのか。人間は嘘をいったことや失敗に学んで成長するものである。

学《がく》の功《こう》たる、気類《きるい》先《ま》づ接《（ず）せっ》し義理《ぎり》従《したが》つて融《とお》る。

安政《あんせい》五年（一八五八）六月二十三日「諸生《しょせい》に示《しめ》す」

現代語訳

学問の功績というのは、（共に席を同じくして学べば）まず心が通い合って一つとなり、道理などの観念も理解しあえるようになるということである。（つまらない礼儀作法や規則などに影響されることではない。）

気《き》類《るい》先《ま》づ《(ず)》接《せっ》し

以前、ある生徒から教えられた。「先生方は自分の本心を明かさないのに、僕らにだけ本心をいえという。先生方が明かさない本心を、なんで僕らだけ明かさないといけないんですか」と。なるほど、その通りであると反省した。ただし、私は「本心をしゃべりすぎ」と生徒に笑いながら忠告されたが。これも反省事項か。

生徒・学生と心を通わせることは実にむずかしいと学んだ。

学《がく》政《せい》必《かなら》ずしも改《あらた》めず、唯《た》だ碩学鉅師《せきがくきょし》あらば文興《ぶんおこ》らざるを得《え》ず、材士良兵《ざいしりょうへい》あらば武隆《ぶさかん》ならざるを得《え》ず。

安政《あんせい》二年（一八五五）七月「獄舎問答《ごくしゃもんどう》」

現代語訳

教育にかかわる行政を必ずしも改めることはない。ただ、大学者や真摯《しんし》に学問をしようとする先生がいれば、学問が盛んにならないことはない。また、才能に恵まれた心ある武士がいれば、武道が盛んにならないことはない。

碩学鉅師《せきがくきょし》あらば

教師がまず本気になること。これだけである。先生が本気であると生徒・学生が感じてくれれば、少々の難問もすぐに霧散する。教育の原点は、ただこれだけのことである。

学《がく》者《しゃ》自《じ》得《とく》する所《ところ》なくして、呶々《どうどう》多言《たげん》するは、是《こ》れ聖賢《せいけん》の戒《いまし》むる所《ところ》なり。

安政《あんせい》五年（一八五八）六月二十三日「諸生《しょせい》に示《しめ》す」

現代語訳

学者が自分で得た真理もないのに、偉そうに、くどくどとやかましくいうのは、聖人・賢者が戒められたことである。

学者自得《がくしゃじとく》する所《ところ》なくして

私共「教師」のほとんどが自覚することなくこれをやっている。これが教育だと勘違いしている。

一人の学徒として、せめて生涯に一つくらいは自分で真理なるものを見つけるべく、学問に励みたいものである。

抑《そも》ゝ《そも》吾《わ》れの塾《じゅく》を開《ひら》きて客《きゃく》を待《ま》つは、固《もと》より将《まさ》に陰《いん》に一《いっ》世《せい》の奇士《きし》を得《え》て、之《こ》れと交《まじわり》を締《むす》び、吾《わ》れの頑鈍《がんどん》を磨《みが》かんとするに在《あ》り。

安政《あんせい》五年（一八五八）七月十五日「生田良佐《いくたりょうさ》を送《おく》る叙《じょ》」

現代語訳

私が松下村塾を開いて諸生を待っているのは、いうまでもなく将に内々に世に抜きんでた奇特な人物を得て、これと交際し、私の頑固で愚かなところを磨こうとするところにある。

吾《わ》れの塾《じゅく》を開《ひら》きて客《きゃく》を待《ま》つは

上から目線で「教えてやろう」という教師のことをよく耳にする。

しかし、教師は生徒を砥石《といし》とし、また、生徒は教師を砥石として、互いを磨き、成長するものである。その際に大切なことは、プロである教師が先ず良質な砥石になることである。

そこに「教えてやろう」などという思い上がりの気持ちが入り込む余地などない。

「塾《じゅく》を開《ひら》きて客《きゃく》を待《ま》つは、之《こ》れと交《まじわり》を締《む》すび、吾《わ》れの頑鈍《がんどん》を磨《みが》かんとするに在《あ》り」という松陰の姿勢に学ぶべきことは、教師の基本的な「心構え」か。

罪《つみ》は事《こと》にあり人《ひと》にあらず。一事《いちじ》の罪何《つみなん》ぞ遽《にわ》かに全人《ぜんじん》の用《よう》を廃《はい》することを得《え》んや。

安政《あんせい》二年（一八五五）九月十一日「福堂策《ふくどうさく》」

現代語訳

罪は事件にあり、人にあるのではない。一つの罪を犯しただけで、どうしてすぐに全人格を否定してよかろうか。よくない。

罪《つみ》は事《こと》にあり人《ひと》にあらず

いわゆる問題行動を一度でも起こした生徒・学生に対して、以後、色眼鏡で見がちな教師は案外と多い。

若い頃の私もそうだった。ある年、私によく嘘をいう生徒がいた。指導の仕方が分からず、恩師に相談した。帰ってきた答えは、「そうですか。そうかそうかと毎日にっこりと笑いながら聞いてやりなさい。三百六十五日、ずっと嘘をつき続ける生徒はいないから」だった。疑いながらも実践してみると、わずかな間にその子は嘘をつかなくなった。忘れられない思い出である。

艱《かん》難《なん》を経《ふ》るに因《よ》（つ）て精神《せいしん》を倍《ま》す

安政《あんせい》二年（一八五五）五月五日「寃魂慰草《えんこんいそう》」

現代語訳

困難に会い、苦しみ悩むことによって、精神は鍛えられる。

艱難《かんなん》を経《ふ》るに因《よ》つ《(つ)》て精神《せいしん》を倍《ま》す

生徒・学生に語りたい教えでもある。一方、「教員」も「艱難《かんなん》」を経て「教師」となる。それにしても学校という世界は、実に不思議な空間である。生徒・学生が成長すると共に、「教員」も、生徒・学生相手の仕事しかしていないのに、それぞれ「教師」に成長させてもらえる。しかも月給までもらいながら。将に人間教育の総合道場というべきか。

凡《およ》そ書《しょ》を読《よ》みて吾《わ》れの言《い（わ）》はんと欲《ほっ》する所《ところ》は古人《こじん》先《ま（ず）》づ之《こ》れを言《い（え）》へり

安政《あんせい》三年（一八五六）五月二十日「叢棘随筆《そうきょくずいひつ》」

現代語訳

書物を読んでいて私がいおうと思うことは、古人がすでに述べていらっしゃるものだ。

古《こ》人《じん》先《ま》づ之《こ》れを言《い(え)》へり

この姿勢が教師に最も足りない。全て自分が発見したかのように語りたがるタイプの何と多いことか。

私の恩師は、御自分の目、足で直接実証していないことは、全て「僕はよう知らん」といわれた。恩師の偉さが分かるようになったのはつい最近である。

一方、学校でよく見る、何でも知っているという教師。実は何も知らない教師であると理解した。

学《がっ》校《こう》の盛衰《せいすい》は全《まった》く先生《せんせい》の賢愚《けんぐ》に存《そん》す

安政《あんせい》六年（一八五九）三月二十八日「吉日録《きちじつろく》」

現代語訳

学校というものが盛んとなるか衰退するかは、全て先生が心ある立派な人であるか、それともくだらない愚かな人であるかによる。

学校《がっこう》の盛衰《せいすい》は

教育は結局のところ、誰が教えるかということであろう。これしかない。

心《こころ》知《し》りて神交《かみまじ(わ)》はる者《もの》

安政《あんせい》二年（一八五五）三月二十七日「妻木士保《つまきしほ》に復《ふく》す」

現代語訳

お互いの心を知り合い、心から交わる者。

神交《かみまじ(わ)》はる者《もの》

教師と生徒・学生の理想はこれであろう。聖徳太子は、教師には「慈」、生徒・学生には「信」と説いている。今に通じる教育の真理である。

能《あた》はざるに非《あら》ざるなり、
為《な》さざるなり。

安政《あんせい》二年（一八五五）六月二十七日「講孟箚記《こうもうさっき》」

現代語訳

できないのではない、やらないのである。

能《あた(わ)》はざるに非《あら》ざるなり

『孟子』には「為《な》さざるなり、能《あた(わ)》はざるに非《あら》ざるなり」とある。孟子が、人民のために慈悲の心を用いようとしない齊《せい》の宣王《せんおう》を諫めた際の言葉である。安政《あんせい》二年、二十六歳の松陰は、言葉の並びを逆にして使っている。これは、自藩のことを考えるばかりで我が国全体のことを考えようとしない長州藩の重臣を叱咤した際の言葉である。

「能《あた(わ)》はざるに非《あら》ざるなり、為《な》さざるなり」。教師がまず実践し、生徒・学生に伝えたい。

趙《ちょう》高《こう》の事《こと》は誰《た》れも悪《にく》み候《そうら》へ（え）ども、自《みずか》ら趙高《ちょうこう》たること
は一切心《いっさいこころ》附《づ》き申《もう》さず候《そうろう》。

安政《あんせい》五年（一八五八）七月十日「急務四条《きゅうむしじょう》」

現代語訳

（古代シナの戦国時代末期から秦《しん》にかけての宦官《かんがん》であった）趙高のことは誰も憎んでいる。しかし、その自分が趙高と同じことを行っていることには一切気づいていない。

自《みずか》ら趙高《ちょうこう》たることは一切《いっさい》心《こころ》附《づ》き申《もう》さず候《そうろう》

私共「教師」に多いタイプがこれである。自分を裁判官の位置に置き、他者の批判を生徒・学生の前でとうとうと語る。将《まさ》に「あんたが大将」。そこに生徒・学生が学ぶべきことはない。

既《き》往《おう》は咎《とが》めずして可《か》なり。来者《らいしゃ》を以《もっ》て是《こ》れを論《ろん》ぜん。

安政《あんせい》二年（一八五五）九月三日「講孟劄記《こうもうさっき》」

現代語訳

過ぎたことは咎めなくてもいい。これからのことを語ろう。

来者《らいしゃ》を以《もっ》て是《こ》れを論《ろん》ぜん

生徒・学生に語るときに教師が意識すべき「心構え」である。

過去にとらわれることの否定であり、未来への志向である。ところが、些細な失敗にずっととらわれている人は、案外若い人にこそ多い。悩むことはない、今日生まれてきたと思えばいいだけのことである。この「心構え」の切り替えだけで、人生が変わる。

孔子《こうし》人《ひと》を教《おし(え)》へしより、已《すで》に人《ひと》をして皆己《みなおの》れに同《おな》じからしむること能《あた(わ)》はず。

嘉永《かえい》五年（一八五二）八月二十六日「治心氣齋先生《ちしんきさいせんせい》に与《あた(う)》ふる第三書《だいさんしょ》」

現代語訳

あの聖人孔子でさえ、人を教えていた頃から、人を自分と同じようにすることは不可能であった。

同《おな》じからしむること能《あた(わ)》はず

自分の小コピーを作ろうとする教師の何と多いことか。それはすでに孔子の時代より不可能であった。ソクラテスとプラトンの師弟関係を見れば、それに価値がないことも自明である。ソクラテスがプラトンを小ソクラテスとせず、大プラトンとしたところに、私共は感動を覚えるのである。

この教えに、人を育てるということの意味を今一度学びたい。

蓋《けだ》し学《がく》の道《みち》たる、己《おのれ》が才能《さいのう》を衒《ひけらか》して人《ひと》を屈《くっ》する所以《ゆえん》に非《あら》ず。人《ひと》を教育《きょういく》して同《おな》じく善《ぜん》に帰《き》せんと欲《ほっ》する所以《ゆえん》なり。

安政《あんせい》二年（一八五五）十一月十三日「講孟箚記《こうもうさっき》」

現代語訳

思うに、学問は自分の才能を見せびらかして人を従わせるためのものではない。人を教育して、ともによき人になろうとすることである。

善《ぜん》に帰《き》せんと欲《ほっ》す

教師も自信がない若い時分には、「己《おのれ》が才能《さいのう》を衒《ひけらか》」したがるものである。ところが、いつまでもこれを教師の権威の一つと考えている者がいる。修行不足以外の何物でもない。

教育は、松陰がいうように、「人《ひと》を教育《きょういく》して同《おな》じく善《ぜん》に帰《き》せんと」する営みである。その前提として、教師が「善」であることはいうまでもない。

教《おし》(う)ふるは叮嚀《ていねい》親切《しんせつ》を貴《たっと》ぶ

安政《あんせい》二年(一八五五)十二月二十四日「講孟劄記《こうもうさっき》」

現代語訳

教えるということは、丁寧で親切であることを貴ぶ。

叮嚀親切《ていねいしんせつ》

教師も最初の数年間は、必死で「教材研究」を行う。いわゆる授業ノート作りである。ところが、一旦これができると、関心は時流に乗った授業テクニックなどに向きがちなものである。

しかし、生徒が感動するのは、テクニックなどではない。教師の情熱、本気さである。下手でもいい。「叮嚀親切《ていねいしんせつ》」に教え続けることである。これが生徒を本気にさせる。

己《おの》れを枉《ま》ぐる者《もの》に未《いま》だ能《よ》く人《ひと》を直《なお》くする者《もの》あらざるなり

安政《あんせい》二年（一八五五）八月二十一日「講孟箚記《こうもうさっき》」

現代語訳

自分が道理をゆがめた生き方をしていて他者を真っ直ぐにした者は、未だかつていない。

己《おの》れを枉《ま》ぐる者《もの》に

『孟子』滕文公下《とうぶんこうげ》首章本文である。松陰はこれを受け、「世《よ》の政《まつりごと》を為《な》す者《もの》、大抵《たいてい》己《おのれ》が身《しん》心《しん》に原《もと》づくることを知《し》らず（世の為政者は、政治は自分の一身の修養が根本であるということを大抵理解していない）」と教えている。

何も政治のことだけではない。人を教える私共「教師」が心に留めるべき教えである。

御《ご》勉強専一《べんきょうせんいつ》に存《ぞん》じ奉《たてまつ》り候《そうろう》

安政《あんせい》六年（一八五九）二月二十四日「佐世《させ》八十郎宛書翰《あてしょかん》」

現代語訳

御勉強に専念されることかと思います。

御《ご》勉強《べんきょう》専一《せんいつ》に存《ぞん》じ奉《たてまつ》り候《そうろう》

この一文は、あたかも小学校の教師が児童に語りかけているかのような観がある。しかし実際は、当時二十九歳の松陰が二十五歳の門人佐世八十郎にあてた手紙の一節である。ここに教育者松陰の真価がある。当たり前と思うことを懇切丁寧に語る。これが教育の基本であろう。

なお、佐世八十郎は後の前原一誠《まえばらいっせい》のことである。

「善《ぜん》教《きょう》は民之《たみこ》れを愛《あい》すること、子《こ》の父母《ふぼ》を視《み》て欺《あざむ》くに忍《しの》びざる如《ごと》きなり」と、（中略）説《と》き得《え》て好《よ》し。

安政《あんせい》三年（一八五六）五月十七日「講孟箚記《こうもうさっき》」

現代語訳

「善き教えを民が愛し慕うのは、子供が父母をだますことはできないというような（自然な）ものである」という。（中略）（よき教えについて）よく説明できている。

欺《あざむ》くに忍《しの》びざる

私共もこんな「善教」を身に付けたいものである。また、同時に、「善教」を説く「善師《ぜんし》」になりたいものである。

生徒・学生が「欺《あざむ》くに忍《しの》びざる」気持ちの人間となってくれること、これが教育の目的であろう。

人《ひと》を責《せ》むるは易《やす》く、而《しこう》して自《みずか》ら為《な》すは則《すなわ》ち難《かた》し。

安政《あんせい》五年（一八五八）十二月三日「厳囚紀事《げんしゅうきじ》」

現代語訳

他者に（良き行いを）求めることは簡単である。しかし、自分で行うことはむずかしい。

自《みずか》ら為《な》すは則《すなわ》ち難《かた》し

私などはこの最たる者か。反省。

結局のところ、生徒・学生を教えるとは、自分を心ある人間とすることであろう。これを本当に実践している教師は、実に少ない。

吾《わ》が輩《はい》学《がく》問《もん》進《しん》脩《しゅう》方《まさ》に此《こ》の日《ひ》に在《あ》るをや。此《こ》の日《ひ》閑過《かんか》せば悔《く》ゆと雖《いえど》も追《お》ふ《(う)》べからず。

安政《あんせい》六年（一八五九）三月十二日「入江杉蔵宛書翰《いりえすぎぞうあてしょかん》」

現代語訳

私が学問を進め修めるのは将に今である。今という時を無駄に過ごせば、後でいくら後悔しても取り返すことはできない。

此《こ》の日《ひ》閑過《かんか》せば

人生というものは、私共が何気なく過ごす「今日」という一日一日の積み重ねである。そして、それは誰しも分かっていることであるが、これを敢えて門人入江杉蔵へ書き送っているところに、松陰という青年の細やかな心遣いを感じる。

こんな至極当然なことについてのこまめな指導が時に生徒・学生の心に灯を付ける。

人《じん》君官吏《くんかんり》、豪奢《ごうしゃ》を好《この》み安逸《あんいつ》に耽《ふけ》り、天下《てんか》へ質素節倹《しっそせっけん》、文武興隆《ぶんぶこうりゅう》の令《れい》を降《くだ》す如《ごと》き、古《いにしえ》より未《いま》だ曾《かつ》て行《おこな(わ)》はるるものあらず。

安政《あんせい》三年（一八五六）六月七日「講孟箚記《こうもうさっき》」

現代語訳

君主や役人が贅沢を好み、何もしないで遊び暮らしていながら、天下の人々に質素倹約や文武の興隆を命令しても、昔からそれが行われた例はない。

未《いま》だ曾《かつ》て行《おこな（わ）》はるるものあらず

何も「人君官吏《じんくんかんり》」だけの問題ではない。教師も全く同様である。教師がアフターファイブの充実にばかり心を砕いて遊び惚けていながら、生徒・学生に教室で偉そうに教えを垂れたとしても、それに奮起する生徒・学生はいない。教師がクラスの「指揮官」であれば、「指揮官、一歩前」の精神で行くしかない。

往《ゆ》く者《もの》は追《お》は《(わ)》ず、然《しか》れども其《そ》の前日《ぜんじつ》の善美《ぜんび》を忘《わす》るることなかれ。来《く》る者《もの》は拒《こば》まず、又其《またそ》の前日《ぜんじつ》の過悪《かあく》を記《き》することなかれ。苟《いやしく》も是《こ》の心《こころ》を以《もっ》て至《いた》らば斯《こ》れ之《こ》れを受《う》けんのみ。

安政《あんせい》三年（一八五六）六月十日「講孟箚記《こうもうさっき》」

現代語訳

去って行く者は追いかけない。しかし、その人の過去の美事を忘れてはいけない。来る者は拒まない。しかし、その人の過去の過ちは覚えていてはいけない。もしも、この心、つまり、道に向かおうという心さえあれば、受け入れるだけである。

苟《いやしく》も是《こ》の心《こころ》を以《もっ》て至《いた》らば斯《こ》れ之《こ》れを受《う》けんのみ

自分の元から去って行った生徒・学生の悪口はずっと言い続ける、また、新たに来た生徒・学生の過去の過誤を指摘し続けるというタイプの教師は多い。悲しい現実である。「苟《いやしく》も是《こ》の心《こころ》を以《もっ》て至《いた》らば斯《こ》れ之《こ》れを受《う》けんのみ」、今一度、己れを反省したい。

大《たい》儀《ぎ》なることを勉強《べんきょう》してすると、人《ひと》の情《じょう》を思《おも（い）》ひ遣《や》りて是《こ》れ己《おのれ》の行《おこな（い）》ひをするとより学問《がくもん》は始《はじ》まることにて、強恕《きょうじょ》の道《みち》なり。

安政《あんせい》三年（一八五六）五月十四日「講孟劄記《こうもうさっき》」

現代語訳

面倒くさい、骨の折れることを強《し》いて行うこと、また、人の気持ちを思いやりながら、自分が実践することから学問というものは始まるのである。これが孟子のいう強恕という生き方である。

強恕《きょうじょ》の道《みち》

教師となった頃は、全てが新しい。生徒・学生のためと思えば、「大儀《たいぎ》なること」も「勉強《べんきょう》」するし、また、生徒・学生の「情《じょう》を思《おも》ひ《(い)》遣《や》」ることも喜んでする。ところが、慣れというものが、そんな教師でもダメにする。

慣れねばならないし、また、慣れすぎてもいけない。教師は慣れても、生徒・学生にとっては、初めてでただ一回だけの小学校生活、中学校生活、高校生活、大学生活であることを忘れないようにしたい。

人《ひと》各々《おのおの》志《こころざし》あり、兄《けい》決《けっ》して人《ひと》に強《し(う)》ふるなかれ。

安政《あんせい》五年（一八五八）六月十九日「久坂玄瑞宛書翰《くさかげんずいあてしょかん》」

現代語訳

人にはそれぞれの志というものがある。どうか（あなたの思いを）決して強制してはなりませんぞ。

強《し》ふ《(う)》るなかれ

強制することでは生徒・学生は付いて来ない。教師というもの、こんなことは分かっているはずなのに、気づけばついやってしまう。

生徒・学生がその気になってくれるまで「待つ」。これは教師が最も苦手とすることの一つである。しかし、最も重要である。

凡《およ》そ生《せい》を天地間《てんちかん》に稟《う》くる者《もの》、貴《き》となく賤《せん》となく、男《おとこ》となく女《おんな》となく、一人《ひとり》の逸居《いっきょ》すべきなく、一人《ひとり》の教《おしえ》なかるべきなし。然《しか》る後《のち》初《はじ》めて古道《こどう》に合《あ（う）》ふと云《い（う）》ふべし。

安政《あんせい》三年（一八五六）八月以降「武教全書講録《ぶきょうぜんしょこうろく》」

現代語訳

そもそもこの世の中に人として生まれた者は、身分や性別にかかわらず、一人として怠けて気ままにしているべきではなく、一人として教えないでいいというものはない。こうして初めて昔からの正しい教えに及ぶというべきである。

一人《ひとり》の逸居《いっきょ》すべきなく、一人《ひとり》の教《おしえ》なかるべきなし

教師も人間であれば、波長の合わない生徒・学生はいる。しかし、これがエスカレートすると、自分では気づかない内に、区別ではなく、差別してしまうこともある。「一人《ひとり》の逸居《いっきょ》すべきなく、一人《ひとり》の教《おしえ》なかるべきなし」。常に心得たい。

俄《にわ》かに成功《せいこう》を責《せ》め候《そうろう》様相成《ようあいな》しては甚《はなは》だ宜《よろ》しかるまじ
くと存《ぞん》じ奉《たてまつ》り候《そうろう》

嘉永《かえい》四年（一八五一）五月二十七日「叔父《おじ》玉木《たまき》文之進《ぶんのしん》宛《あて》書翰《しょかん》」

現代語訳

性急に成功を求めるようにしては、非常によろしくないと思います。

俄《にわ》かに成功《せいこう》を責《せ》め候《そうろう》様相成《ようあいな》しては

自信に溢れる教師にまま見られる姿勢である。

「俺がこれだけ教えても分からないのか」と、熱血指導をしている段階はまだいい。気づかないうちに生徒・学生を「早く、早く」と急き立てている。

人間が育つ上で絶対に必要なもの、それは「時間」である。

人《ひと》の賢愚才不才《けんぐさいふさい》は一朝一夕《いっちょういっせき》には弁《べん》じ難《がた》きもの故《ゆえ》、人《ひと》の進退黜陟《しんたいちゅっちょく》に於《おい》て古《いにしえ》の聖賢《せいけん》最《もっと》も慎重《しんちょう》を加《くわ(え)》へ給《たま(う)》ふ。

安政《あんせい》六年（一八五九）二月頃「意見書文案《いけんしょぶんあん》」

現代語訳

人の賢愚や才能の有無を短い時間に判断することはむずかしい。だから、功績のない者は退け、功績のある者は進め用いるということに付いては、昔の聖人・賢者も特に慎重におこなわれたのである。

人《ひと》の賢愚《けんぐ》才不才《さいふさい》は一朝一夕《いっちょういっせき》には弁《べん》じ難《がた》きもの

生徒理解のむずかしさである。昔の聖人・賢者でも「慎重《しんちょう》を加《くわ》へ《(え)》給《たま》ふ《(う)》」と松陰はいう。教師がつい学力などだけをもって生徒・学生を判断すれば、その子たちのその後の人生を閉ざすこともある。慎重にも慎重を期したい。

松《しょう》下陋村《かろうそん》と雖《いえど》も、誓《ちか》って神国《しんこく》の幹《みき》とならん。

安政《あんせい》五年（一八五八）十二月「村塾《そんじゅく》の壁《かべ》に留題《りゅうだい》す」

現代語訳

松本村はひなびた一寒村《いちかんそん》ではあるが、必ずや日本国の骨幹《こっかん》となろう。

松下陋村《しょうかろうそん》と雖《いえど》も、誓《ちか》つ《(つ)》て神国《しんこく》の幹《みき》とならん

安政《あんせい》四年（一八五七）十一月、松陰は「天下《てんか》の英才《えいさい》を育《いく》するは必《かなら》ず鯫生《そうせい》より起《おこ》る（天下の優れた才能をもった人物は、必ず私のもとから育つ、（必ず私が育てる））」と決意を述べている。

教師たる者、これくらいの気概をもって職務に励みたいものである。

愛《を》しむ――教《おし(う)》ふるもの――非《ひ》心《しん》未《いま》だ嘗《かつ》て格《ただ》さず・善《ぜん》心《しん》未《いま》だ嘗《かつ》て勧《すす》めず

嘉永《かえい》三年（一八五〇）五月、松陰二十一歳の時の「中庸講義《ちゅうようこうぎ》」に、「今《いま》の教《おし(う)》ふるものは然《しか》らず、之《こ》れが為《た》めに句読《くとう》を授《さず》くるのみ、之《こ》れが為《た》めに講解《こうかい》を資《たす》くるのみ。学《まな》ぶ者《もの》の心何如《こころいかん》を問《と(わ)》はず、書《しょ》を読《よ》むこと精《せい》に、書《しょ》を講《こう》ずること明《あきら》かなる者《もの》は、目《もく》して才《さい》とし能《のう》とす。然《しか》ること能《あた(わ)》はざる者《もの》は、心《こころ》、諄良忠実《じゅんりょうちゅうじつ》なりと云《い(え)》へども、亦目《またもく》して魯鈍《ろどん》為《す》ることなしと。其《そ》の非心未《ひしんいま》だ嘗《かつ》て格《ただ》さず。其《そ》の善心未《ぜんしんいま》だ嘗《かつ》て勧《すす》めず。大《おお》いに古《いにしえ》の、人《ひと》を教《おし(う)》ふる法《ほう》に異《こと》なり。而《しこう》して安《やすん》じて以《もっ》て常《つね》とす。学《まな》ぶ者《もの》も亦此《またこ》れを以《もっ》て師《し》を見《み》て異《い》とせず。是《ここ》に於《おい》てか実学《じつがく》の伝《でん》、地《ち》に墜《お》つるに殆《ちか》し」（今の教える者はそうではなく、子供のために読み方を教えるだけであり、意味を教えるだけである。学問をしようとする子供の心がどのようであるかなど問わず、書物を読むことが上手でうまく訳す者は、才能があり、能力があると評価する。それができない者は、いくら心に飾り気がなく善良であり、まごころを尽くしてよく勤めても、愚鈍であり行うべきことはないと評価する。（秀才の）まちがった心をこれまで正したこともない。（愚鈍に見える子の）よき心をすばらしいと褒めてやったこともない。これは昔からの、人を教える方法とは大きく異なるものである。そして、そのやり方を疑いもせず、常識とする。学ぶ者もこのような先生をみて、まちがってるとも思わない。こんな状態だから、ホンモノの学問の伝統は地に落ちているのである〕」との一文がある。

教職の末席を汚す者の一人として、この一文ほど衝撃を受けたものはない。将に、後ろ頭を殴られたようなとはこのことか、というべきものであった。

なるほど、いわれてみればこの通りである。現在、私を筆頭に、私共「教師」が当然のこととして行っている「教育」なるものは、将に生徒・学生に対して「句読《くとう》を授《さず》くるのみ」であり、「講解《こうかい》を資《たす》」けているだけではないか。それを当たり前のことと感じ、全く、疑問さえもたないというのが現状ではないか。「心根」の間違っている優等生を叱り、教導する教師はいるか。また、成績が悪く愚鈍に見える子の「善心《ぜんしん》」を素晴らしいと褒め、激励する教師はいるか。現在教職にある者で、この松陰の一文に下を向かない者はいるか。まずいないだろう。

ところが、わずか二十一歳の松陰がすでに百六十余年も前に、こんな「教育」に警鐘を鳴らしている。松陰死して、百五十余年。松陰を教育者として顕彰する人は今も多い。しかし、これを知れば、私共は松陰の何に学んで来たのであろうか。

松陰の「警鐘」に、今こそ真摯に学びたい。

付録

【吉田松陰関連資料】

吉田松陰像（自賛）

安政六年、萩の野山獄から江戸へ護送される際に、松下村塾の門下生である松浦松洞が描いたもの。肖像の上には松陰自身が自賛を書き入れている。なお、松陰が家族や複数の門下生におくっているので自賛肖像は複数存在する。

松陰神社（山口県萩市）蔵

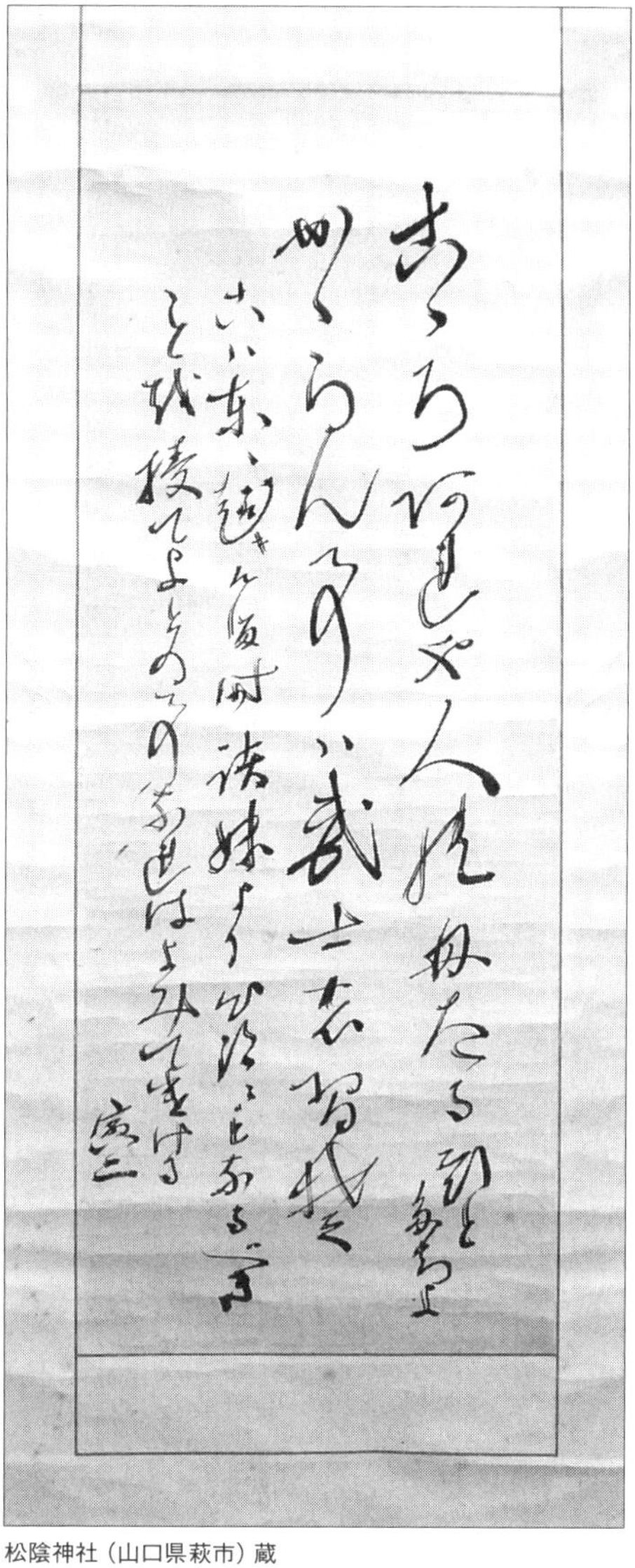

松陰神社（山口県萩市）蔵

諸妹《しょまい》に贈《おく》る

安政六年（一八五九）
五月十七日

安政六年、最後の江戸行きの前に妹たちに送った和歌。「心あれや人の母たる人達よかからん事は武士の常」として、妹たちに向け武士の妻として、また、母としての心構えを詠んでいる。

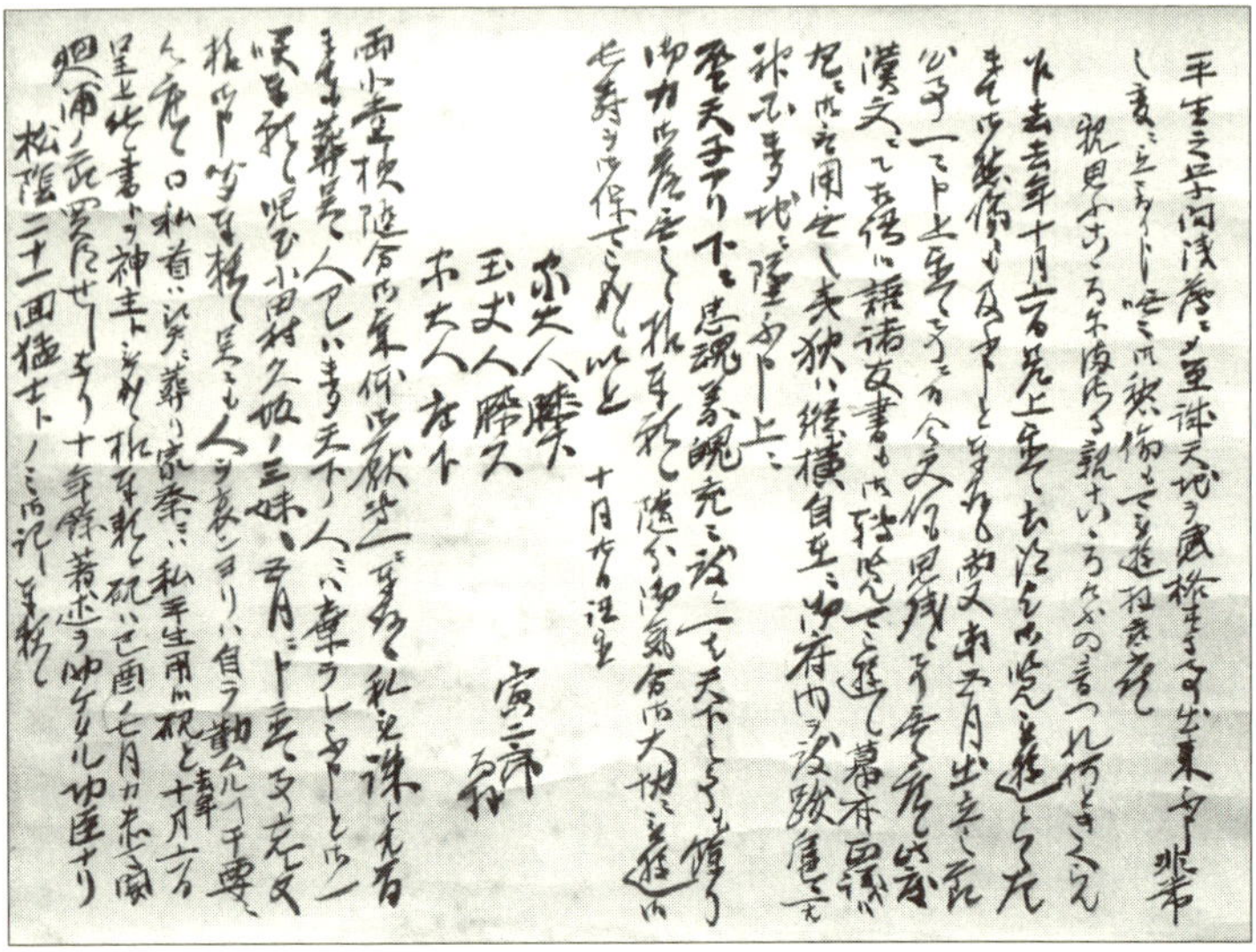

松陰神社（山口県萩市）蔵

父《ふ》叔兄《しゅけい》宛《あて》書翰《しょかん》

安政六年（一八五九）十月二十日

松陰が処刑される七日前に死を覚悟し家族に送った遺書。「親思ふこころにまさる親ごころけふの音づれ何ときくらん」の句が添えられ、松陰が最期まで家族を思いやっていたことが分かる。なお、手紙の最後には、処刑後の自身の首は江戸に埋葬し、愛用していた硯は家族の元へと送って欲しいと記されている。

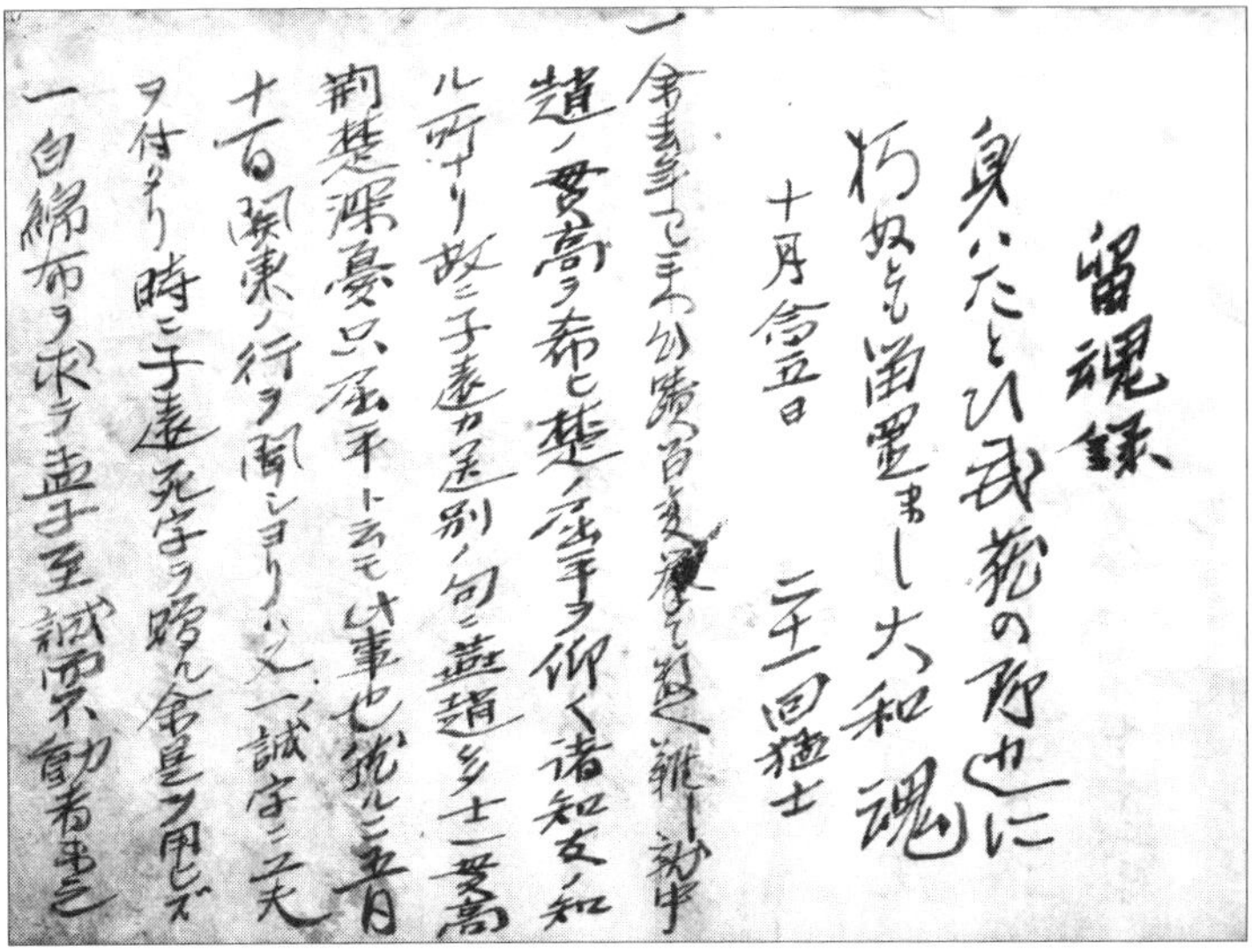
留魂録
身ハたとひ武蔵の野辺に
朽ぬとも留置まし大和魂
十月念五日　二十一回猛士
一余去年已来心蹟百変挙テ数ヘ難シ就中
趙ノ貫高ヲ希ヒ楚ノ屈平ヲ仰ク諸知友ノ知
ル所ナリ故ニ子遠カ送別ノ句ニ燕趙多士一貫高
荊楚深憂只屈平トイフモ此事也然ルニ五月
十一日関東ノ行ヲ聞シヨリハ又一ノ誠字ニ工夫
ヲ付タリ時ニ子遠死字ヲ贈ル余是ヲ用ヒス
一白綿布ヲ求テ孟子至誠而不動者未之

松陰神社（山口県萩市）蔵

留魂録《りゅうこんろく》

安政六年（一八五九）十月二十六日

安政六年、松陰が処刑の二日前に門下生たちに宛てて著したもの。門下生たちが立派に活躍してくれることを願い、冒頭には「身はたとひ 武蔵の野辺に 朽ぬとも 留置まし 大和魂」という句が添えられている。

【吉田松陰略年譜】

年号	年齢	月日	事績
天保元年（1830）	1歳	8月4日	長門国萩松本村（現、山口県萩市椎原〈しいばら〉）に、藩士杉百合之助（家禄二十六石）の次男として生まれる
天保5年（1834）	5歳	8月4日	叔父吉田大助の仮養子となる 妹千代三歳
天保6年（1835）	6歳	4月3日 6月20日	吉田大助死去 吉田家をつぐ
天保10年（1839）	10歳	11月	藩校明倫館へ出勤し、家学（山鹿流兵学）を講義する 妹壽子誕生
天保11年（1840）	11歳	不明	御前講義を行う

天保13年（1842）	13歳	不明	叔父玉木文之進、松下村塾を起こす 松陰も入塾する 妹艶子二歳↓天保十四年九月、艶子死去
弘化元年（1844）	15歳	不明	外叔久保五郎左衛門、松下村塾をつぐ 妹文二歳
弘化3年（1846）	17歳	不明	山田宇右衛門の教示により、海防に目を向ける 弟敏三郎二歳
嘉永元年（1848）	19歳	不明	独立の師範となる
嘉永3年（1850）	21歳	8月25日 12月29日	平戸遊学へ出発 平戸遊学より帰着 （この間、熊本で池辺啓太から宮部鼎蔵を紹介される）
嘉永4年（1851）	22歳	3月5日 12月14日	江戸遊学へ出発 「東北遊」旅行に出発↓後期水戸学にふれる

年号	年齢	月日	事績
嘉永5年（1852）	23歳	4月5日	江戸帰着→「過書（かしょ）」不保持により亡命の罪に問われ、長州への帰国を命じられる
		18日	江戸発
		5月12日	萩着→実父「育（はぐくみ）」となり、蟄居生活に入る
嘉永6年（1853）	24歳	正月26日	江戸遊学へ出発
		5月24日	江戸着
		6月3日	ペリー艦隊来航（十二日出航）
		9月18日	江戸発
		10月19日	熊本着
		23日	露国艦隊長崎出港
		25日	熊本発尾島、大湊を経て長崎へ
		27日	長崎着
		11月13日	萩帰着
		24日	萩発
		12月27日	江戸着

年	年齢	月日	事項
安政元年（1854）	25歳	3月5日	同志へ決意披瀝、江戸発
		27日	「下田事件」失敗
		4月15日	江戸伝馬町獄入獄
		9月23日	江戸発（幕府の判決ー「在所蟄居」）
		10月24日	萩着、野山獄入獄
安政2年（1855）	26歳	4月12日	『孟子』講義開始（同年六月十日終了）
		6月13日	『孟子』輪読会開始
		11月24日	『孟子』輪読会中断（獄中における最後の輪読会。万章上まで）
		12月15日	野山獄出獄→杉家蟄居となる
		17日	『孟子』輪読会再開（於杉家。万章下の講義開始）
		24日	『孟子』輪読会再中断（万章下末章まで）
安政3年（1856）	27歳	3月21日	『孟子』輪読会再開（告子上から）
		6月13日	『孟子』輪読会終了→「講孟割記」となる
安政4年（1857）	28歳	11月5日	松下村塾主催
安政5年（1858）	29歳	12月26日	野山獄再入獄
安政6年（1859）	30歳	5月25日	萩発（江戸への護送命令による）
		10月27日	江戸伝馬町獄にて刑死

※山口県教育会編『吉田松陰全集』（大和書房、昭和47年）より作成。日付は旧暦である。

【主要参考文献】

山口県教育会編『吉田松陰全集』岩波書店、昭和十年
山口県教育会編『吉田松陰全集』岩波書店、昭和十五年
山口県教育会編『吉田松陰全集』大和書房、昭和四十七年
大洞良雲『永平初祖学道用心集』大法輪閣、昭和三十一年
井上久雄著・川口雅昭訳編『大教育者のことば』致知出版社、平成十九年
酒井得元『講談社学術文庫　沢木興道聞き書き——ある禅者の生涯——』講談社、二〇一二年

川口雅昭（かわぐち・まさあき）

昭和28年2月8日、山口県生まれ。昭和53年、広島大学大学院教育学研究科博士課程前期修了。教育学修士。山口県立宇部・美祢《みね》・山口高等学校教諭（日本史）、山口県史編さん室（明治維新部会専門研究員）などを経て、平成10年、岡崎学園国際短期大学教授。平成12年より人間環境大学教授。

主著（単著）『吉田松陰一日一言』、『吉田松陰』、『吉田松陰四字熟語遺訓』、『「孟子」一日一言」』、『吉田松陰に学ぶ　男の磨き方』(以上、致知出版社)。『武教全書講録』(K＆Kプレス)。

（共著）『幕末維新の社会と思想』(吉川弘文館)。『日中比較教育史』(春風社)。

主要論文—「下田渡海考」・「松下村塾考」「吉田松陰における教育実践の性格—『吾が党』の自覚との関連において—」・「吉田松陰の国際感覚について」・「吉田松陰の天皇観」など。

吉田松陰　真《まこと》の教え

2015年3月10日　初版発行

著　者　川口雅昭

発行者　籠宮良治

発行所　太陽出版

〒113-0033　東京都文京区本郷4-1-14

電話　03(3814)0471

FAX　03(3814)2366

e-mail　info@taiyoshuppan.net

http://www.taiyoshuppan.net/

印刷　シナノパブリッシングプレス

製本　井上製本所

装幀　梶原浩介（ノアズブックス）

ISBN978-4-88469-836-2 C0021